思变

转换思维模式100法

[英] 西蒙·梅尔（Simon Maier）著
李小霞 译

中国经济出版社
CHINA ECONOMIC PUBLISHING HOUSE
·北京·

图书在版编目（CIP）数据

思变：转换思维模式100法/（英）西蒙·梅尔著；
李小霞译．--北京：中国经济出版社，2022.9
书名原文：100 Great Mindset Changing Ideas
ISBN 978-7-5136-7081-4

Ⅰ.①思… Ⅱ.①西… ②李… Ⅲ.①思维方法
Ⅳ.①B804

中国版本图书馆CIP数据核字（2022）第162088号

责任编辑　王西琨
责任印制　马小宾
封面设计　任燕飞设计工作室

出版发行　中国经济出版社
印 刷 者　北京力信诚印刷有限公司
经 销 者　各地新华书店
开　　本　880mm×1230mm　1/32
印　　张　9
字　　数　244千字
版　　次　2022年9月第1版
印　　次　2022年9月第1次
定　　价　48.00元
广告经营许可证　京西工商广字第8179号

中国经济出版社 **网址** www.economyph.com **社址** 北京市东城区安定门外大街58号 **邮编** 100011
本版图书如存在印装质量问题，请与本社销售中心联系调换（联系电话：010-57512564）

“人在下定决心之前，会踌躇不决，会畏缩不前，这都无济于事。
当我们谈到主动出击、谈到创新，总有一条亘古不变的真理。
不知道它，只会扼杀无数绝妙创意和宏伟计划。
这条真理就是：
一个人一旦决心已定，上苍也会受感动。
随后发生的一切都是为了协助这个本不会成功的人……
不管你能做什么，你的梦想是什么……
先行动起来吧！”

——约翰·沃尔夫冈·冯·歌德

引言

此刻，你的生活中也许正坏事连连，但至少还有一些值得感恩和拥抱的好事。至少你还有选择。这世上有些人根本没有选择的余地。他们没有选择，也就没有改变的机会。改变和选择有时很可怕；可你是否想象过，假如根本无从选择，那会有多可怕吗？

所谓思维模式，是一种精神状态，它预先决定了一个人对某种情形的反应和理解。从本质上说，思维模式决定了人的行为。“思维模式”这四个字通常会用在特定人群的生活上，例如：“企业家的思维模式”“赢家的思维模式”“运动员的思维模式”。培养出好的思维模式，能帮助你更好地学习、消化新信息，必要时甚至能改变信念，并协助你做出应对。你的信念就是你的思维模式。思维模式当然不包含旧的信仰。不管你如何习得、如何接纳，它们都是你自己的。它们会左右你的观点、偏好和反应；有时，还会左右你憎恶和承受力的极限。思维模式最强有力的一面表现在你让思维模式做出改变（如果你主观上希望改变）的速度，以及改变后会产生的惊人效果。

思维模式僵化的人认为，人的智力或天赋等基本素质是绝对的、不可改变的，他们相信现状不会发展。如果天资聪颖，那无须努力就能成功。然而，拥有成长型思维的人则认为，人的基本能力可以通过学习和后天的努力得到提升；任何天资都只是起点，而非最终的结果。事实上，所有成功人士都拥有成长型思维模式，他们相信自己能“做”，并且会想办法去做。尽管他们有时能做成、有时不能，但他们勇于尝试，这就是关键。

如果出现以下这些迹象，那你就应该有所警醒，是时候改变思维模式了：你总是关注生活中什么是错的，却忽略了什么是对的；你总是沉湎于失望之中，却不去想那些进展顺利的部分；你对拥有的东西不满意，对未拥有的东西感到很不开心；你十分愤世嫉俗，大部分时间都心生怨意，特别是和你最亲近的人，你甚至嫉妒他们；你总认为自己是个受害者；你并不是真的相信自己有能力成功，认为一切眼前的成功都不过是未来失败的伪装。

也许你只是不想面对真相。我们当然可以整天跺着脚抱怨大雨让你没法去打高尔夫球，但这么做也并不能拨云见日，换来明媚的阳光。有正义感、肯仗义执言的确很好，但总是无休止地抱怨，就是在拒绝承认可能无法改变的真相。世上有些事无法改变，不妨顺其自然，调整计划，把精力放在那些可以改变的事情上。你可能会希望事情不是这样，更可能希望自己从来没有那么做过。但是，“本可以”怎样、“本应该”怎样、“本可能”怎样，都不过是一厢情愿的假设，丝毫不会助长积极的情绪。这样消极地回顾往事更加没有意义。

不可否认，这世界有时候的确不公平。你可能会觉得有些不利于自己的事情是不对的；或许（在你看来）让你的生活变得越发艰难、复杂。我得说，这个世界本来就不公平。除非你能接受这一点，调整心态，改变思维模式，否则你永远无法现实地思考问题，最终只会因为期望无法满足而满腔怨恨。我们的心理预期在思维模式中占很大比重。它是我们心中预计有可能或有必要的东西，我们的一切行为都是基于此展开的。如果心理预期高得不切实际，那就永远无法感到满意。你也许天赋异禀、野心勃勃，如果是在完美的世界里，现在的你也许已经拥有了人生第一个100万元。但我们并没有活在完美的世界里，就算你才智过人且豪气冲天，也不可能控制所有的因素。但是，你可以设定目标，实现目标，甚至可能超越目标，这将带给你满足感和成功。希望这本书能帮助你更好地理解这一点。

为了能在现实世界里生存和发展，转换思维模式十分重要。有的人走运，而你没有；你取得了重大突破，别人却没有。机遇、偶然事件、现实情形……什么事都有可能发生，其中有许多事你无法控制。但最重要的是，要弄清楚你到底想要什么，以及你能做出什么改变来得到这些。你可能会对已经拥有（或没有）的一切感到不满，闷闷不乐，但务必用你所拥有的美好事物——家庭、健康、孩子、工作，甚至是友善的微笑去中和这些不快。雄心壮志的缺点就是，它会蒙蔽我们，让我们看不到生活中已经拥有的那些美好的人和事。同样，嫉妒也会把我们带入黑暗。这通常是因为我们从小就被教导要心怀期待，要争取更多。如果我们没有得到预期本该是自己的东西，就会引发不满，进而变得消极。当然，总是有更多的事情值得去努力争取，如果“更多”就意味着“更好”，那的确是雄心壮志带来的正面作用。问题是，我们可能并不会真正珍惜已经拥有的东西，直到失去时才追悔莫及。

也许你认为你的老板、同事、家人甚至全世界都在和你作对。总把自己看成受害者并不能改变什么。即使你曾经是个受害者，或者现在成了受害者，也需要克服这种自卑，痛下决心，拒绝扮演苦情角色，并去开创一个完全不同甚至更好的天地——这就是成长型思维模式。你可能常常被他人的观点左右；怀揣着这种消极的心态，有时你会发现自己这辈子总在接纳别人的意见，在别人的看法中苦苦挣扎。这种例子很多：也许是你的父母教导过你，不该去追求内心渴望的激情；也许是你身边有个心态消极的伴侣，总是让你觉得自己不够好；也许是你的老师曾经说你是“垃圾”；也许是你听多了闲言碎语，渐渐信以为真；也许是你听说了太多数字新闻时代的“阴谋论”。

上述这些情形非常危险，因为一旦事态恶化，它们可能会让人走向极端。这会让我们轻易对别人的话信以为真——不管那是不是在说自己。如果这话是在说别人，我们会因此被这些虚假信息迷惑，而忘记埋头专注自己的发展。我们会渐渐乐于站在一旁，看同事、朋友和家人的好戏。我们会对他人的好戏太感兴趣，仿佛追逐丑闻成了喜闻乐见的运动项目。这实在毫无意义。

思维模式是一套信念体系，它应该对你有建设性，能为你提供帮助。如果你的思维模式需要改变，那么现在就要行动。务必要确保这套信念体系保持平衡。认真思考一下，你的智力、天分和品性真是像刻在了石头上一般，一成不变吗？还是说，它们是可以开发或改变的？的确，这种改变很难，因为信念体系往往植根于文化，而文化又是围绕行为、道德、宗教、语言、实践、饮食、文学、人际关系、艺术、道德等多方面发展起来的。

如今，大多数专家都认为，人的思维模式既非天生有之，也非后天培养；既非基因使然，又非环境左右。它来自所有这些因素的彼此作用，在肉体和精神上不断地相互影响。事实上，正如美国著名的神经系统科学家吉尔伯特·戈特利布（Gilbert Gottlieb）所说："基因和环境不仅在我们成长的过程中相互配合，而且，基因实际上需要环境刺激才能正常工作。"这就说得通了。戈特利布对心理学领域的主要贡献正是他的这一观点：没有预先确定的成长道路。这一观点实在令人鼓舞，因为这就意味着任何思维模式都是可以改变的。你的终身学习和发展能力比你想象的要强大得多。我们出生时可能性情不同、资质各异，但成长经历、教育历程和自身的努力会将它们一一改变。我们在这里特别强调"努力"二字，不去努力，什么都不会改变。同样，天资聪颖的人也并非能聪明到最后，这取决于你如何定义"聪明"二字。

权威人士就科学问题发表意见是一回事，但如何加以理解、活学活用则是另一回事。想成为什么样的人，只有你自己说了才算。那么，难道说那些拥有成长型思维模式的人真的相信人人都能心想事成，真的相信如果积极进取加上适度教育，任何人都能成为爱因斯坦或贝多芬吗？并非如此，也不该这么想。但这些人往往相信，人的潜力是一个未知数，也无法得知；正因如此，也就永远无法预测一个人到底能取得怎样的成就。

作为一个强大的成年人，你有充分的权利和手段来转换思维模式。只有这样，才能打造出你想要的生活，活出你需要的态度。思维僵化只会影响你的判断力。你会逃避挑战，当遭遇不顺或觉得某件事做得不够好时，你就会放弃。但是，你可以做出改变。首先就是要认识到，你的思维模式是如何阻碍你前进的。改变并不容易，但也没有那么难。你能做出很多壮举，改变就是其中之一。而改变的第一步就是开始行动。

目　录

第一章

千里之行，始于足下

1 迈出第一步

显然，如果你不开始做点儿什么，转换就无从谈起。除非你从现在做起，转换思维模式，否则你什么也不会改变，包括你自己。

点石成金

多宝箱云存储服务公司（Dropbox）的创始人德鲁·休斯敦（Drew Houston）在二十多岁时就创立了这家市值100亿美元的公司。他认为成功和信念是一体的。“我总觉得有必要多问问自己：‘一年后，两年后，五年后，你希望从今天的自己身上领悟到什么?’”他还指出：“你真正要做的不是做好准备，而是开始行动。”

成功人士之所以成功，是因为他们身体力行。他们设定目标，并尽一切可能去实现它们。一般来说，每一个消极的念头都是有意识地迈向痛苦的决定。世上不乏悲观主义者、吹毛求疵的人，以及看不到半杯水、只看到半个空杯子的人。人总会在生活中的某个时刻遭遇消极的事，但我们没有理由被它们牵着鼻子走。

W. 克莱芒·斯通（W. Clement Stone）是20世纪中叶美国的商人兼作家。他的知名多多少少是因为这句名言：“如果你瞄准月亮，即使迷失，也是落在星辰之间。”他就是积极思考的坚定信徒。他写道：“人与人之间的差别很小，但这种微小的差别却能带来很大的不同。这种微小的差别就是态度。这很大的不同就是积极还是消极的结果。”乔·库朗姆布（Joe Coulombe）在加利福尼亚州南部经营了一家小型连锁便利店时产生了一个想法：迈向上层社会的大学毕业生们可能想要一些比 7-11 便利店里的商品更好的东西。因此，他在加利福尼亚州的帕萨迪纳市开了一家热带主题超市，里面摆满了美酒。他聘请优秀的员工，支付给他们高薪。他在大学附近开设了更多的店面，开始卖健康食品。乔氏超市就是这样起步的。

1917 年，在日本的大阪电灯公司，一位 23 岁且从未受过正规教育的学徒，发明了一种改良的电灯插座。他的老板对此不感兴趣。于是，年轻的松下幸之助开始在自己的地下室里研制样品。后来，他又进一步扩展业务，从用电池供电的炮弹形自行车车灯，发展到其他各种电子产品。2008 年，松下电器公司（Matsushita Electric）正式更名为 Panasonic，目前的市值为 660 亿美元。

在生活中，大多数人都希望能有所改变。无论是身材变得更好，工作变得更进取，还是人际交往更顺利，我们都希望在某些方面能有所改变、有所提高。问题是，这些改变从来都不是轻而易举的，也不是立竿见影的。通常情况是我们试了试，失败了，就不再尝试了。这样可不行。我们可能无法掌控发生在身上的每件事，但我们可以掌控自己的应对方式。正如我们都知道的那样，失败是成功之母，这是真知灼见。人们起步的方式千差万别，但最重要的是迈出这一步。

室内设计品牌 CreativeLive① 的创始人梅丽莎·高特（Melissa Galt）在推特上这样写道："我的建议就是，找到让你眼前一亮的目标，然后尽一切努力实现它。"

理查德·布兰森（Richard Branson）则是另一个白手起家的好例子，他是依靠个人奋斗成功的企业家典范。他在 16 岁时就创办了一本学生杂志；1970 年，他又创办了一家唱片邮购公司。不到一

---

① 译者注：本名称及后文中有英文术语/名称因为无中文对应译法，且涉及品牌名而直接保留原文。

年，他就在伦敦的牛津街开了第一家维珍唱片店（Virgin Records）。如今，维珍集团（Virgin）的业务已经涵盖了从电信业到太空旅游等各个领域。

简·库姆（Jan Koum）16 岁时从乌克兰来到美国。他的家庭一度入不敷出，靠领食品券生活。2009 年，他和联合创始人布莱恩·阿克顿（Brian Acton）一起推出了一款旨在连接世界各地用户的即时通信软件——WhatsApp。WhatsApp 从根本上取代了手机短信服务，在全球拥有 4.5 亿用户，最终以 190 亿美元的价格被脸书公司（Facebook）收购。

索菲亚·阿莫鲁索（Sophia Amoruso）是“坏女孩”网站（Nasty Gal）的创始人。她最初在二手商店的货架上淘旧货，然后在易趣网（eBay）上出售这些淘来的古董。她用卖旧货赚的钱把货物搬到了一个仓库里，又雇用了一些员工。她利用“聚友网”（MySpace）和其他社交平台吸引客户。公司成立六年多后，最终在 2012 年，她筹集到了数百万美元的投资。

亚马逊公司（Amazon）的创始人杰夫·贝佐斯（Jeff Bezos）最初推出的是亚马逊拍卖平台，想与易趣网一争高下，但进展并不顺利。所以，他没有坚持最初的想法，而是停了下来，改变模式，把亚马逊重新变成了第三方卖家的大卖场。

20 世纪 40 年代，李嘉诚随家人辗转来到中国香港；15 岁那年，他的父亲去世，年少的他不得不勉力支撑整个家庭。1950 年，他白手起家，创办了自己的公司——长江实业①，生产塑料制品。现在，这个多元化的企业集团市值超过 300 亿美元。

有些人就是知道自己想做什么，而且会坚持不懈地做下去。

---

① 译者注：本书案例提到的中国人物、企业等，直接使用中文名称，不再用括号标注英文译文。

行动指南

· 生活中，如果想做出积极的改变，就去做吧！立刻行动！拖延只会让你有时间找到借口。

· 想想看是不是这样：那些具有成长型思维的人往往不容易紧张、不容易焦虑，而且自尊心更强。

· 抱怨现实并不能改变现状。

· 接受这个事实：这个世界永远不可能像你想象的那样公平。

2 相信自己的确能改变

相信自己可以改变，这和开始行动同样重要。要相信自己，告诉自己“我能行”，而不是“我也许行”；要说“是的，而且……”不要说“不行，但是……”

点石成金

安然公司（Enron）的倒闭原因可以从它的企业文化中一探究竟。这家企业崇尚天分和智慧，导致各级经理面对问题时总是撒谎、回避，而不是承认错误，为公司找出解决方案。没有人愿意站出来承认失败，因为在它的企业文化中，犯错误是不可接受的。具有成长型思维的企业文化会允许犯错，并从中汲取教训，解决问题。企业在倡导成长型思维的过程中，最好要倡导一种勇于接受失败并善于汲取教训的文化。斯坦福商学院（Stanford Business School）教授杰弗里·普费弗（Jeffrey Pfeffer）写道：“企业常常会花过多的时间在评分和末位淘汰制度上。总是忙着评估员工的表现，给他们打分，而不是培养他们的技能。”

神经系统科学表明，我们的大脑会不断发展和变化。我们可以不断学习，这叫作神经可塑性（Neuroplasticity）。神经通路是在我们思考或实践某些事时形成的。当我们经常这么做或这么说时，就会在大脑中扎根固化下来，逐渐变成习惯。正是这种神经通路形成了我们大脑中的回路。有些时候，养成习惯是件好事。但我们还是可以改变一些根深蒂固的习惯。第一步就是要认识到我们需要改变、需要学习；第二步则是真心希望改变、希望学习。

斯坦福大学的卡罗尔·德威克（Carol Dweck）教授建立了思维模式的定义体系。她写道：“具有成长型思维的人在挑战中茁壮成长，并将失败视为能拓展现有能力、能进一步提高的强大跳板，而不是智力不高的证据。”拥有成长型思维的企业家会充满激情地学习和探索各种全新的可能。这里也强调一个事实，那就是个体和企业的信念对成功同样至关重要。卡罗尔·德威克曾经说过：“即使（特别是）在事情进展不顺利的时候，依然能坚持不懈、全身心地投入，这种激情就是拥有成长型思维的标志。”理查德·布兰森还说过：“我一直都热衷于缜密估算，冒险尝试，并坦然承担后果。我发现很多时候，很多人虽才华横溢却思维僵化，不愿意或不能够做出必要的改变来提高自己。一旦如此，思想就会停滞不前，企业就会停止增长，人们就会停止学习。”

鞋类零售商“美捷步”（Zappos）就是个有趣的例子。这家企业相信可以通过转换思维模式来求得发展。他们从招募新员工起就格外关注积极心态：要录用的应聘者是否契合这一企业文化，在入职考量中占了50%的比重。经过第一周培训后，如果新员工认为自己不适合这份工作，会获得几千美元的离职补偿。经过培训，每名团队成员都被灌输了10个核心价值观。他们拨出专门的预算用于关注员工思维模式的成长。企业逐渐确立了这种企业文化，管理者在招聘时则着重观察应聘者能否融入这种企业文化。他们用这种方式促成员工“乐观进取（以及自我成长）”的信念，最终让客户满意。

行动指南

· 你的内心每天都在和自己对话。你正在做什么，你想做什么，你已经做过什么，这些内容每天都充斥着你的大脑。大脑中还存储着所有长期的记忆、知识、各种事实、观点以及你的情感。一定要注意倾听内心的声音。

· 好消息是，即使你天生并不具有成长型思维，你仍然可以转换你的思维模式。

· “你真了不起！”请相信这句话。

3 审视你现在的思维模式

根据前面读到的内容反思一下，你的思维模式是什么？务必对自己诚实。

点石成金

思维模式分为几种。最常见的就是我们前面讨论过的“僵化的思维模式”和“成长型思维模式”。僵化的思维模式认为，人的基本素质和能力是不会改变的。成长型思维模式则相信，人的基本能力是可以发展提高的。后一种观点能产生对学习的热爱，以及对成功而言至关重要的坚韧品格。

那么，我们为什么不想改变呢？有些人认为他们就是无法改变。为了改变人生，我们必须从审视自己的思维状态开始，这包括我们的信念、假设和期望，我们看待世界的方式，以及判断事情对错的方式。但是，没必要因拘泥于旧的思考方式而错过了新的机会。举几个非常简单却十分惹眼的例子：我们经常会在短信、推特（Twitter）或电子邮件中看到言辞过激的句子，这时没必要觉得这是冲着自己来的，也没必要反唇相讥。我们不要仅根据一个人的外表或者宗教信仰就做出不公正的评判。同样，遇到某些事，我们不必反应过激，做出让自己后悔的举动。

要想改变信念，首先要质疑这些信念。一旦我们开始怀疑自己曾经笃信的事，改变就可能发生。信念仅仅是一种我们坚信是真理的想法。它可能并不是真的，只是我们的感觉：因为别人告诉我们这是真的，因为有人说这是真的，因为电视、网络、收音机这些媒体里总是强调这是“真的”。是不是很难？的确如此。

世界上销量最好的番茄酱生产商亨利 · J. 海因茨（Henry J. Heinz）是从一个卖辣根的小贩起家的。当时，辣根这种调味品在美国广受欢迎，尤其受英国和德国移民喜欢。辣根生意是劳动密集型产业①。当时市场上也有瓶装辣根，但瓶子不透明，里面的东西很容易作假。大家都说不能那么做，这让海因茨感到了压力。终于，他得知原来顾客是想亲眼看到买到的是什么。于是他积极思考，决定用透明瓶子包装他的产品。这在当时相当艰难。1869 年，他成立了亨氏来宝有限公司（Heinz Noble & Co.）。2013 年，亨氏公司以 280 亿美元的价格被伯克希尔 · 哈撒韦公司（Berkshire Hathaway）和 3G 资本（3G Capital）收购。

人如果局限在固有想法里，就几乎不可能发展、成长，不可能去学习、接受新信息，也不可能做出新的选择。要想与他人合作，我们就要有能力接受（至少是理解）并尊重他人的信念。

行动指南

· 你可以通过审视现有的信念系统来了解自己当前的思维模式。所谓信念系统，就是你相信的一切，例如宗教、性、性别、金钱、抱负、学习、艺术、新闻、道德标准，等等。但你不必一次全都审视一遍，也不可能办得到。要一步步地来。

· 仔细思考，你的思维模式到底是什么。这里可能有积极的想法和信念，也可能混杂着不那么积极的想法和信念。试着一一整理。可以把它们写下来。一定要对自己诚实。

· 当你审视现有的这些信念时，是否怀疑过，有些信念可能已经过时，有些可能是错的。

① 译者注：辣根种植的确是劳动密集型产业。但在这里不能确定是指辣根种植，还是辣根的后期生产和加工。

4 搜集能够帮助你改变的证据

任何改变都需要外力的推动。要想转换思维模式，你需要从你敬重的人那里听取意见，获得他们的认可。你需要看到、听到，并汇总搜集一切证明你的信念在改变的证据。这种事不会有别人代劳，也不会自己摆到你面前。

点石成金

我们的周围总是环绕着一群喋喋不休的说教者——广告商、电视、政客、宗教领袖、社交媒体。所以有时，我们很难弄清该如何改变观念，该改变哪些观念。同时，我们也需要证据进一步巩固我们的思考。宝洁公司（Procter & Gamble，P&G）前全球营销主管吉姆·斯坦格尔（Jim Stengel）表示，对他而言，向大众证明他们的产品广受青睐，对销售至关重要。“尽管宝洁公司的许多产品无论是功能还是品质都广受好评，但我们的一些竞争对手与消费者的情感纽带更为紧密。我们的产品广受信赖，却缺少消费者的青睐。”

当然，事情并不总是非黑即白。如今仍有一些人会斩钉截铁地说地球是平的，或者更甚，仍有些人认为女性割礼是可以接受的。在这些信念中，有些是某种文化心态特有的现象，只要身处这种文化中就不会改变；还有些完全是基于错误的数据得出的，但就是有人坚信不疑。

也许，你已经对人生、金钱、宗教、道德、政治、偏好等抱有某种坚定的信念，并持续了很长一段时间。通过审视这些信念体系，你就可以了解自己的思维模式。这些信念是帮助了你，还是限制了你？你必须找出阻碍，然后一一克服。完成这一壮举的唯一方法就是寻找证据。也就是说，你需要广泛地听取权威观点，去阅读领导者的语录（尽管其中可能不乏偏颇之辞），去阅读论点公正、客观的书籍和博客，去和朋友们交谈（但要谨慎应对朋友的影响）。并不是所有事都能很快做改变——涉及仇恨的事更是如此；还有些信念本就不太可能轻易改变。

贝宝公司（PayPal）在创立之初并不提供如今的在线支付服务。公司创始人麦克斯·拉夫琴（Max Levchin）坚持认为，贝宝公司最初是一家研究加密技术的公司，后来才逐渐演变成转账工具。经过了几年的磨砺和试错，贝宝公司逐渐证明了什么可行、什么不可行（而且解决了几乎毁掉公司的用户欺诈行为），最终成了如今用户默认选择最多的在线支付系统。公司在发展的不同阶段，多次考虑过改变商业模式。每一次，他们都会收集重要证据，并明确未来的方向。最终，公司的灵活多变和耐受考验成了最主要的资产。贝宝公司于1998年成立；它反应迅速，及时做出调整，在2002年顺利上市；后来又以15亿美元的市值被易趣网收购。

谷歌公司（Google）也曾经是一家不赚钱的公司，也一直试图寻找稳定的收入来源。起初，他们向企业销售搜索应用，并把自己的搜索技术卖给其他搜索引擎以获取微薄利润。这之后，谷歌彻底改变方向，因为他们发现了有更好发展的证据。2003年，谷歌推出了关键字广告业务（AdWords），企业可以通过该业务向在谷歌网站上搜索东西的人做广告。谷歌从大众搜索工具一跃成为广告巨头。2008年，谷歌的广告相关收入达到210亿美元。关键字广告业务为谷歌贡献了总收入和利润的绝大部分。然而，如果谷歌没有挑战自己的信念，没有搜集证据，证明它市场广阔，这项业务根本就不会出现。

挑战信念，通常意味着要找到方法去质疑我们想要改变的信念：我的这一信念是如何形成的？我为什么相信它？我是从哪儿学来的？现在还有用吗？这个信念放之四海而皆准吗？对所有人都是如此吗？到哪里都是如此吗？总是如此吗？有没有例外？我崇拜的人里，有谁也持有同样的信念？为什么？回答这些问题可以帮我们认识到，这个信念也许并不像我们想象的那么牢不可破。有暴力倾向的人会渐渐失去同理心；长此以往，再想改变引起这些暴力行为的信念就几乎不可能了。当社会卷入长期的、难以解决的冲突时，个人对如何解决问题的看法往往会变得极端对立和分化，这就越发难以达成共识。然而，我们必须假设信念是可以改变的，并非人人都是激进分子或极端主义者。

在商业领域，寻找证据必不可少，有时还要进行市场调研。美国雪崩能源公司（Avalanche Energy）研发出一种无须光伏电池就能收集太阳能的新技术，生产出的设备只有卫星电视天线那么大。他们面对的细分市场十分庞大，任何为能源付费的人都可能是潜在客户。在对客户进行调研并取得证据之后，他们对产品进行了调整，获得了突破。他们认识到，这个产品为客户解决的具体问题就是为家用热水省下一笔加热费用。就这样，他们把产品定位成一种易安装的屋顶设备，可以和现有的热水水箱配合使用。即使公司的产品只需加上一个轻薄的微型涡轮机就能发电，他们仍只专注这一个定位。为什么？因为他们发现，说服房主只需简单、实惠的投资就能买到升级的体验，这么做更容易让顾客接受。他们搜集了证据，改变了人们的想法。

预测往往不靠谱，这早就是这个世界的悠久传统。例如，几乎没有人预见到2007年的国际金融危机，也没有人预见到英国脱欧或特朗普（Trump）当选总统。微软（Microsoft）就曾经有过那个著名的、错得离谱的预言：苹果公司（Apple）不会在移动电话领域获得可观的市场份额。挑战信念的全部意义就是努力找出真相，或者是找出另一个不同的真相。当我们要改变一个在家里或工作中被我们的文化群体牢固把持、奉为真理的观念时，当我们大声说出不同意见时，我们的处境可能会很艰难。我们可能会受到排斥、嘲笑，甚至威胁。你可能很想坚守自己的信念，却很难时时做到。但是，只要你想改变，事情就会改变。

行动指南

· 问问自己，当前的信念是否对你有帮助。

· 当你审视每一个信念时，不妨这样考虑：没有证据的表述充其量只是一种观点。观点可能是错的，也可能不完全正确。

· 你是否拿得出有分量的、可信的证据，能证明当前的信念或新的信念是正确的？你是否从小就对某种信念持负面看法，却从未质疑过它？为什么？你现在能质疑它吗？

· 如果没有证据，任何一种想法或信念都只是一种猜测，只是一种模棱两可的直觉。在现实生活中，它更可能只是一个过时的神话，而不是对你当前状况的准确评估。

5 花点儿时间找出你真正想要的东西

通常，我们并不清楚自己想去哪里，想做什么。但是为了能顺利改变思维模式，你必须想清楚这些，并明确自己的目标。这个目标必须具体，不能模棱两可。必须实事求是。当然，你的目标可以夸大一些，但必须是有可能实现的。

点石成金

在2016年的一次采访中，金宝汤公司（Campbell's Soups）的首席执行官丹尼斯·莫里森（Denise Morrison）说："我一直都知道我想开一家公司；我从年轻时就知道这一点。所以，我所做的一切都是为了获得能够开公司的经验和技能。不光是为了能勉强经营，而且是为了能把公司经营得非常好才行。"

有时我们不清楚自己到底想要什么。等我们出了名，就会以为自己想要更出名。但这只是个模糊的目标。当企业的领导或是那些小有成就的人把心思都放在了外在的名声上，而非内在的满足时，他也就失去了取得成功的最初动力和理由。这时，他们周围都会是些"马屁精"，只会说他们想听的话。长此以往，他们再也无法与他人坦诚相对，其他人也学会了不让他们面对现实。

2005年6月，史蒂夫·乔布斯（Steve Jobs）在斯坦福大学的毕业典礼上发表演讲时说："你必须找到自己热爱的东西……完成伟大事业的唯一方法就是热爱你做的事情。如果你还没有找到，那就继续找，不要停下。"我们确实需要知道自己想要什么，这必须是精确且可以实现的，否则我们就会随波逐流。当我们消极地思考那些未尽之事时，我们必须先认真思考，那是否真的是我们渴望的。找出对我们来说重要的东西，可以帮助我们排除那些不那么重要、完全不重要，甚至可能是很糟糕的东西。

1950年，托尼·美格力克（Tony Maglica）从克罗地亚饱受战争摧残的家乡搬到了美国，定居在洛杉矶。英语水平不高的他只要有活儿可干，什么都做。1955年，在攒下了125美元后，托尼分期付款买下了他的第一台车床。他在车库里开始创业，决心生产一种需求日益增长的手电筒。他集中精力，全力以赴。如今，美格力克是全世界大多数警察使用的标准手电筒。

2016年，通用汽车公司（General Motors）的首席执行官玛丽·巴拉（Mary Barra）下定决心："如果我们赢得员工的心，赢得员工的想法，我们就能取得更好的业绩。"爱彼迎公司（Airbnb）的联合创始人兼首席执行官布莱恩·切斯基（Brian Chesky）写道："如果你想打造一个伟大的产品，只需要关注一个人，让那个人拥有最非凡美妙的经历即可。"

行动指南

·不管别人怎么说，去追求一个完全不可能的目标是毫无价值的。生活中，你可能无法事事心想事成。你只需专注于最重要且可以实现的事即可；然后，尽最大的努力去实现它。

·如果心里完全清楚自己想做什么，就不要想着非要遵循他人的指示按部就班行事。

·然而，如果知道有人可能会支持你的想法，那么在做决定时一定要考虑他们的意见。

·如果你心里总想的是你没有什么、不具备什么，那你只会永远也得不到它们。

·选择更积极地思考未来能做什么，你有能力做什么。要明白这一点：你的过去只反映你在过去的所思所信以及所作所为。

6 追求边际收益

所谓边际收益（Marginal Gains），指的是任意过程中微小的、增量型的改进；这些改进累加在一起，在总体上就会产生显著的变化。它们一点儿一点儿地帮助我们取得进步——在这个基础上，随着时间推移，每一点儿微小的进步都逐渐积累，最终成为我们的总收益，帮助我们获得成功，赢得胜利。

点石成金

2010 年，英国的自行车运动还处在较低的水平，从未有英国自行车手获得过环法自行车赛（Tour de France）的冠军。作为天空车队（Team Sky，英国职业自行车队）的新任总经理和业务总监，戴夫·布雷斯福德（Dave Brailsford）必须有所突破。他相信“边际收益的累积”，认为这代表“你做的每件事都有 1% 的改进空间”。他相信，如果他们的车队在自行车运动的每个领域水平能提高 1%，这些微小的进步累积起来就会产生显著的改善。他的团队先从一些我们能想到的地方开始优化：营养、每周的训练计划、自行车人体工程学。此外，他们又在一些被别人忽视的领域里继续寻求 1% 的改进。比如为每一名自行车手改进枕头，为他们提供最好的睡眠；测试最有效的按摩膏以及教给车手最好的洗手方法，避免感染。他们在方方面面都做出了 1% 的改进，从饮食、电视节目到能量饮料，应有尽有。

布雷斯福德相信，天空车队将在五年内即 2015 年，赢得环法自行车赛的冠军。但他错了。仅仅两年后，在2012年他们就赢得了冠军。天空车队的车手布拉德利·威金斯（Bradley Wiggins）成为首位赢得环法自行车赛冠军的英国车手。同年，布雷斯福德执教的英国国家队参加了2012年奥运会，赢得了自行车项目70%的金牌。2013年，天空车队再次获得环法自行车赛的冠军，这次的车手是克里斯·弗鲁姆（Chris Froome）。顺便说一句，2017年，是他第四次获得环法自行车赛的冠军。

一级方程式汽车赛（F1）的梅赛德斯车队（Mercedes F1 Team）总监托托·沃尔夫（Toto Wolf）在2017年表示："我们的表现都达到了极致……当这种情况发生时，任何微小的变化都会变得格外重要。"当其他车队扮演追赶者的角色，忙着改正设计中的失误（为了追赶梅赛德斯被迫如此）时，梅赛德斯车队则忙着从空气动力学、汽车机械、人员的构成和流程等方面进行改进和改善，从头盔设计到果汁生产的各个细节都不放过。

人们很容易高估重大决策时刻的重要性，却低估了每天一点点改进决定的价值。我们身上几乎所有的习惯，无论是好习惯还是坏习惯，都是数不清的小决定日积月累的结果。但我们常常忘记这一点，总相信只有获得重大的、看得见的结果时，改变才有意义。我们经常给自己施加压力，力求做出些惊天动地的改变，让每个人都刮目相看。但与此同时，仅仅1%的改进也许并不显眼，有时甚至难以察觉，但它同样很有意义，从长远角度看来更是如此。在这个过程中，每个弱点恐怕都不构成威胁，反而是机会，只要稍作改变，就可以创造边际收益。假以时日，这些收益就会快速积累起来。

许多极具创新精神的公司如今都在运用边际收益的方法。例如，谷歌每年都会运行1.2万个大数据驱动的实验项目，用于发现微小的不足，从而有机会做出微小的改进。在其中一个实验中他们发现，将谷歌工具栏的颜色从现有的深蓝色略调得浅一点儿，就可以增加点击量。这一点点边际变化极大地增加了企业收益。

行动指南

· 集中精力做好小事。一旦这么做，我们取得的成果就会逐渐积累，终将产生更大的影响。

· 看看你列出的那些雄心壮志，再重新作评估。你最大的抱负是什么？然后问问自己，真的能实现吗？怎么实现？

· 大多数改变都是循序渐进的。我们很容易高估重大决策时刻的重要性，却低估了每天做出一点点改进决定的价值。

· “不积跬步，无以至千里。”有时候，看似不起眼儿的胜利和漫长的收获，才是力量的源泉。

7 保持专注，不要分心

有人说：“同时追两只兔子的人，一只也逮不到。”全神贯注紧盯目标，要做到这一点很难，但显然这才是成长的关键。作曲家兼诗人欧文·柏林（Irving Berlin）曾写道：“成功最难的地方就在于你必须不断地取得成功。天分只是进入这个行业的起点，你必须不断努力去发挥你的天分才行。”

点石成金

大思想家拉尔夫·瓦尔多·爱默生（Ralph Waldo Emerson）曾说过：“力量的秘密在于专注。无论是在政治中、战争中，还是在贸易中，简而言之，在所有人类事务的管理中都是如此。”

作家杰克·坎菲尔德（Jack Canfield）写道：“不管生活中遭遇何事，成功人士总能保持积极的心态。他们专注于过去的成功，而非过去的失败。他们专注于下一步的行动，以便离实现目标更近一步。他们从不让生活中的琐事干扰自己前进的步伐。”

有趣的是，很多人说不出他们工作的机构在关注什么，重点是什么。我们去亚马逊网站购物，用谷歌搜索，在脸书上交友，上高朋网（Groupon）团购，然后又会回到亚马逊网站购物，去推特上发推文、读推文；一天就这么打发掉了。设定目标可以让我们集中注意力，这反过来又会帮助我们组织资源来实现目标。设定明确的目标，这样我们就能评估自身的努力程度，并为能实现这些目标而感到自豪。可以看到，以前貌似没什么意义的一连串努力终于取得了进步。

亚马逊公司的杰夫·贝佐斯总爱使用逆向工程的方法来制订重点明确的计划。他首先确立最终目标，然后反向推演，一直推演到他确切地知道今天需要做什么。日产汽车公司（Nissan）的首席执行官卡洛斯·戈恩（Carlos Ghosn）在谈到持久的专注时是这么说的："我非常清楚自己未来15个月会做什么，会去哪里。这不仅是为我本人，主要也是为我的员工准备的。他们都知道我什么时候在东京、什么时候去巴黎、什么时候去纽约，这样他们就能制订自己的计划了。"著名兼职网站Upwork公司的首席执行官斯蒂芬·卡斯里尔（Stephane Kasriel）说："人们每天会关注各种事。很多事其实并不那么重要，你完全可以忽略。"

在北京和伦敦奥运会期间，英国的自行车手们发起了一个"颁奖台项目"（Podium Programme），就是说他们的目标就是要夺取金牌——不为别的。我们的目标也要专注在明确的成功标志上，必须知道我们什么时候就成功了。亚伯拉罕·林肯（Abraham Lincoln）最大的动力来自一个不妥协的信念，也是他唯一关注的信念。林肯确信，他的目标就是要维护全世界有史以来最伟大的民主制度，就是要确保"一个民有、民治、民享的政府不会从地球上消失"。而这样一个人，曾在军队里遭遇降职，曾经营企业却以失败收场，也曾在总统选举中经历过八次落选。

2004年，壳牌公司（Shell）遭遇石油储备危机，股价大跌。当时的集团公司新主席杰伦·范德伟（Jeroen van der Veer）认为，为了生存，必须重组企业结构。为此，他们制定了一系列全球范围的改革措施。这些措施一旦实施，将影响到80个业务部门。尽管这些改革事关生死，但阻力很大，因为有些国家极有可能会失去更多的市场份额，这让人难以接受。然而，这么大规模的改革要想取得成功，每个人都必须百分之百地遵照计划执行。最终，改革有了效果；这当中的许多原则和重点至今仍然在使用。

2008 年，桑坦德银行（Santander，西班牙国际银行）希望能在英国的银行体系中占据一席之地。为此，他们收购了一系列英国金融机构，把它们统一在一个品牌下，希望借此打造出一家强大的商业零售银行。然而要做到这一点，还需要一套快速的、有系统支撑引导的银行体系，为新业务的所有环节提供清晰、高效的最佳体验。对于即将上任的桑坦德银行英国分行（Santander UK）的首席执行官安东尼奥·奥尔塔—奥索里奥（António Horta – Osório）而言，他的首要任务就是确保所有的股东都能了解抛弃旧模式、拥抱新革命（而不是改革）的价值。2010 年 1 月，桑坦德银行英国分行成立。到 2013 年，它已然成为业界领先的商业零售银行。

如果我们试图改变某些事，结果却失败了，那只不过是恰好证明了改变思维模式的过程中一个永恒不变的真理：在这个过程中，你至少会失败一次。为了保持专注，我们需要寻找积极的理由来应对挑战，我们甚至可以想象目标最终实现时会是什么样的。

行动指南

· 一旦察觉你的思维模式开始发生转变，那就坚持下去。

· 如果缺乏实现目标的基本技能，那就去学会这项技能。

· 如果需要帮助，那就去寻求帮助。

· 要设定不同层次的目标。首先，弄清楚你的目标是什么。其次，把这个目标分解成若干更小的目标，你必须一一实现这些小目标，才能实现最终的总目标。

· 英国自行车队的座右铭：“这是我们的目标。我们的目标是一条线，介于输赢之间，介于失败和成功之间，介于良好和伟大之间，介于梦想和信念之间，介于传统和创新之间，介于头脑和心灵之间。这是一条细细的红线。它挑战我们所做的一切。我们每天沿着这条线奋勇向前。”

8 不要指望轻易就能改变，但要相信改变是有可能的

本杰明·富兰克林（Benjamin Franklin）曾说过："如果你停止改变，那你就完了。"改变之路永无止境。它并非总是那么困难，但也并非总是那么容易。为了持续不断地改变思维模式，你必须认定改变是必需的，必须时刻记住你想做的事是有可能的。所以，期待着它实现的一天吧！

点石成金

改变是有可能的，只要下定决心去做，就有可能做到。但是我们必须小心，愤世嫉俗就是自我应验的预言。如果连我们都认为自己没有机会，结果就真的没有机会。绝不能让反对之声摧毁我们的信心，不能受它的诱惑而消极应对。前进的道路上，可能会遇到阻碍，但都是暂时的。

只有当我们由衷地坚信我们能够取得切实的成就时，改变才会成功。只有这样，我们才能将成功的可能性转变为"必定要做"或"必定要实现"的行动。2008 年国际金融危机后，欧盟监管机构要求总部位于英国的苏格兰皇家银行（RBS Group）出售其保险业务，以此作为获得 450 亿英镑政府紧急援助的条件。当时，苏格兰皇家银行的保险业务由保罗·格迪斯（Paul Geddes）负责；他必须迅速把保险业务从苏格兰皇家银行中剥离出来，成为一家独立的公司，为出售或上市做好准备。管理团队转变观念，把这看作一次难得的操练机会。他们利用剥离的过程创建了一个能够自给自足、独立运

营、拥有全新品牌的保险机构——Direct Line Group。只花了 18 个月的时间（这相当快），他们就剥离出从客户数据到独立运转和管理所要求的每一条业务线。完成了业务剥离后，他们首先要做的就是创立新的品牌。2012 年，这家公司完成了一次非常成功的首次公开募股（IPO）。

当我们做了尝试，却没有得到预期的结果时，就很容易感到沮丧泄气。但事实是，肯付出努力本身就是一种进步。改变通常并没有明确的起点和终点，它是一个过程。即使是后退了几步，也不是什么悲剧。事实上，改变很少会沿着一条直线发展；当人们畏缩不前的时候，往往也回不到最初开始的地方。如果方法正确，前进路上的坎坷也会成为学习的机会。20 世纪 80 年代，百事可乐（PepsiCo）向可口可乐（Coca - Cola）发起猛攻，迫使可口可乐公司重新评估自己的产品。为此，可口可乐公司生产了一种更甜的饮料，取名"新可乐"（New Coke）。但大众并不买账。于是，管理层决定撤掉新可乐，换回老配方，但将其更名为"经典可口可乐"（Coca - Cola Classic），结果却继续保持了市场的主导地位。为了和对手竞争，为了塑造出负责任的品牌形象，公司还需要进军健康食品和饮品市场。如今，可口可乐公司面向两百多个国家，向客户销售五百多个品牌的产品。它的很多产品，比如达沙尼瓶装水（DASANI）、维生素水和依云矿泉水（Evian），都被认为是健康饮品。

行动指南

· 改变是一个过程，而非一件特定的事。

· 改变非常困难，很可能会故态复萌。但这既是必要的，也是能激励你前进的事。

· 如果你的改变是出于积极的思考，而不是出于内疚、恐惧、歉意或者懊悔，你就会成功。

· 花点儿时间和那些心态积极的榜样们在一起。向他们学习，汲取他们的经验，从而做出你自己的改变。

· 尝试去改变某种行为有时会让人不知所措，会产生一种孤注一掷的念头。这种念头可不会有好结果。所以，尽管速度很有必要，但也要一步步地改变。

· 同时改变多种行为，肯定会让所有的举措都陷入困境。

9 相信自己会成功

在改变思维模式的过程中，信念就是你为之奋斗的目标。相信自己能改变，这本身就是一种天赐的信念。一定要相信所有主动做出的努力终将获得成功，这一点至关重要。这种信念一定要十分清晰，模棱两可是不行的。

点石成金

约翰·F. 肯尼迪（John F. Kennedy）设定了一个信念，坚信他的国家有能力成功。比如，在1960年，他说："我们将在十年内把人类送上月球。"他定下了一个明确的目标，以及实现这一目标的具体时间表。

富兰克林·罗斯福（Franklin Roosevelt）总统的妻子埃莉诺·罗斯福（Eleanor Roosevelt）也深知信念为何物。她曾说过："一个好的领导者会激励人们对他充满信心；而一个伟大的领导者会激励人们对自己充满信心。"

美国职业篮球联赛（NBA）达拉斯小牛队（Dallas Mavericks）的老板马克·库班（Mark Cuban）以59亿美元的价格把他的公司Broadcast. com卖给了雅虎（Yahoo）。他坦承自己早期做过木工、厨子和服务员，都很失败。他写道："我从这些经历中明白了，失败多少次并不重要，你只需要做对一次就行。我甚至还试过卖奶粉。很多时候我简直就是个白痴，但我从这些经历里学到了很多。我坚信自己能成功。"

迈克尔·乔丹（Michael Jordan）曾经被学校的篮球队除名。但他后来成了最伟大的篮球运动员，因为他总是对自己充满信心。他说："在我的职业生涯中，我投失过9000多次投篮，输过近300场比赛。我有26次被委以重任，负责投出关键的制胜球，但我却没能投进。我这一生经历了一次又一次的失败，但这就是我成功的原因。"

在避免自我膨胀的同时，再没有什么比相信自己能够创造成功更管用的了。我们必须毫不怀疑自己，相信自己一定会成功。我们往往意识不到自己的潜意识里隐藏了多少消极的念头。负面情绪经常出现，那是因为我们没有摆脱消极的观念，这其中就包括认定自己无法成功的信念。有时候，这种负面情绪里还夹杂着自怨自艾。害怕变化也是源于缺乏信念。我们必须相信自己能成功。我们可能目睹过别人的成功，却觉得自己办不到。事实却很简单，那就是我们也能办得到。只是在嘴上说"只要心里想它会发生，就会发生"是不够的；这和信念完全不是一回事。信念里还包括努力、期望、需求、宗旨和目标。关键是，转换思维模式需要艰苦地工作，而且是持续不断地艰苦工作。作为亚洲的顶尖富豪之一，李嘉诚也是中国香港经济的领军人物。他十几岁时就开始了自己的事业，后来发展成为价值210亿美元的商业帝国。15岁时，他离开学校，在一家塑料厂工作。后来，他成为一名销售人员，销售业绩超过了其他所有人，年仅19岁就成为这家工厂的总经理。1950年，他创办了自己的公司，几乎所有的事都是亲力亲为。他把这一切都归因于专注和信念。

行动指南

- 你生活中的大多数事情都是你的自我信念导致的结果。
- 在脑海中明确要实现的目标。想一想，如果梦想得以实现，你的生活会是什么样子。

·要确保行动的方向始终与你的目标保持一致。

·事实上，我们大多数人都会怀疑自己，并为此困扰一生。我们必须重新训练自己，摆脱这种恐惧和自我怀疑，树立自尊和自信。但记住，永远不要自大。

10 制定切合实际的目标

许多人改变思维模式时，会开始追求不切实际的目标。不要这样做。

点石成金

本杰瑞（Ben & Jerry’s）的目标是做出最好的冰激凌。维基百科（Wikipedia）的目标是帮助人们“构建出一个人人都能自由获取全人类知识的世界”。迪斯尼（Disney）的目标是“让人们快乐”。可口可乐的目标是“让世界焕然一新”。亚马逊则希望成为“地球上最顶尖的、以客户为本的公司，客户在这里可以搜索和发现他们想在网上购买的任何东西”。

无论是对企业，还是对任何个人而言，如果目标不现实或太过复杂，就可能毫无意义——这话一点儿不错。思维模式的成长需要你树立雄心壮志，但前提必须是切合实际的雄心壮志。在生活中，做出改变，实现目标已经足够困难了。如果我们的目标不切实际，或者不明确，就等于从一开始就多了一层障碍。

如果我们制定一个不切实际的目标，很容易就会改变主意。设定目标最重要的好处不仅在实现它们，还在于为了实现这个目标，我们会成为什么样的人。这才是长久的利益所在。

Brit + Co 是一个“以创新精神激励、教育和娱乐大众女性”的网站。它的首席执行官兼联合创始人布里特·莫林（Brit Morin）在 25 岁时离开谷歌创办了自己的公司。她的网站上充满了各种生活方式的建议，从科技产品到化妆教程，包罗万象。她说："我天生就是个依赖视觉的人。因此，能够想象出我的目标，而不仅仅是写在清单上，这对我而言非常重要。无论是制作情绪板还是翻阅杂志寻找灵感，看清我的目标会激励我制订出实施计划……我总是要确保目标是可以实现的。不要过于好高骛远，在设定目标时要现实一点……我总会确保目标是经过深思熟虑的，为此，我会把下面的每一条都考虑到：这个目标会改善我的生活吗？为什么对我很重要？你需要了解自己所制定的这些目标有什么价值，有多重要，这样你就可以坚持下去了。"

我们都需要强有力的长期目标来帮助我们克服短期的障碍。幸运的是，目标越强大、越现实，我们就越有能力采取行动，确保这些目标能够实现。

行动指南

• 你可能决定要彻底改变生活，并立即开始着手制定一长串要完成的目标。千万别这么做！因为你办不到。

• 如果不花时间去设定目标，你就永远也实现不了这些目标。一定要设定切实的、可以实现的目标。还有一点很重要：要设定你想要实现的目标，而不是你觉得应该要实现的目标。

• 设定的目标要精确，避免笼统。"想变得更快乐"，或"想成为一个更好的人"的确是值得努力的高尚事业，但很难清楚地定义具体该怎么做。

• 模棱两可的目标只会导致模棱两可的结果，不完备的目标只会产生不完备的未来。所以，永远要确保设定的目标是可以衡量和评估的。

第二章

成功路上的拦路虎

11 不要找借口

一有风吹草动，就容易为不肯行动、停滞不前或是偷工减料找借口。这些并不能帮你实现目标，借口就是失败的辩护词。

点石成金

当目标没有实现时，借口会让人感觉好受些；但当我们发现这些借口并不能让事情有所改变时，这种满足感就难以长久。我们得想办法，而不是找借口。

无论是企业经理、公司首席执行官还是政治家，他们都会为自己的失败找出各种借口：经济形势太差、市场动荡、货币疲软、恐怖主义，百年一遇的洪水、风暴，竞争对手耍花招、数字干预……换句话说，都是他们无法控制的外力。有些失败十分刺眼，硕大的企业轰然倒塌，比如安然公司；有些企业一度辉煌，如今只能苟延残喘，比如美国电报电话公司；还有些则灰飞烟灭，比如宝丽来（Polaroid）。失败是商界自然循环的一部分，并不新鲜。但找借口没有用；能分析原因更好，能找解决方案尤佳。时过境迁，包括惠普（Hewlett - Packard）、嘉信理财（Charles Schwab）、思科（Cisco）、美国电话电报公司、美国在线时代华纳（AOL Time Warner）和盖普（Gap）在内的全球最知名的大公司，如今的市值都缩水了至少三分之二。这些公司每家都能摆出一长串的借口。畅销书《基业长青》（*Built to Last*）和《从优秀到卓越》（*Good to Great*）的作者吉姆·柯林斯（Jim Collins）说：“企业衰落有个关键标志，这堪称试金石，那就是你是否开始为残酷的事实辩解，而不是直面残酷的事实。”

想要改变，就必须重塑我们的思维模式。反之，想要重塑思维模式，就必须做出改变。在改变之初，我们总在思考那些该做的事，却往往忘记了停下那些不该做的事，而它们就变成了一系列的借口。我们去应对出现的情况，那是因为遭受了刺激或挫折。我们经常凭本能做出反应，这就会导致消极应付。我们可以转换这种思维模式，不再本能应对，而是深思熟虑后再采取行动。

当我们重塑思维模式，把匆忙应付转变为冷静应对时，我们就掌控了局势。我们无法控制发生在我们身上的每件事，但我们可以决定该如何应对这些事，这是我们能掌控的。“那不是我的错”的借口很常见，别再用了。最好的领导者永远会对自己的行为负责。正如福特汽车公司的创始人亨利·福特所建议的那样：“不要纠结于过错，而是要找到补救的办法。”

光是嘴上说“别给我带来任何坏消息”并不能真的让坏消息消失。心态积极的人总是想知道（如果他们是管理者，这也是他们首先想知道的）需要立即关注的问题。正如美国前国务卿科林·鲍威尔（Colin Powell）所说：“坏消息不是葡萄酒。它可不会藏得越久口感越佳。”借口会阻止我们的行动，会成为“落荒而逃”或“停滞不前”的理由。借口是我们对人、对事、对环境、对我们准备去做和我们心知肚明必须去做的事找出的合理化解释，这些解释先是说给自己听，继而又说给别人听。它们通常是为了捍卫我们的行为而编造的理由，是为了逃避我们的责任而采取的手段。

靠找借口过日子的后果可能会非常严重。借口不仅会阻碍我们去充分发挥潜力，还会阻碍我们发现那些能帮助我们成长的机会、才能和技能。不仅如此，总找借口还可能导致我们经常后悔、信念设限、悲观、偏执，活动或创造力思维受限，还总会假装问题不存在。

行动指南

· 问问自己为什么要找借口。

· 如果你害怕失败，就想想成功的样子和滋味。

· 也许，你之所以担心成功，是因为担心成功后随之而来的无休止的“负担”。没关系，这其实也是你要不断改变的原因。

· 最大的恐惧就是害怕犯错，但人人都会犯错。

· 要克服爱找借口的毛病，首先必须承认你的确是在找借口。

12 赶走在耳边总说“我不行”的恶魔

通常，我们耳边总有个小恶魔在指手画脚，或是让我们做错事，或是让我们不去做，或是告诉我们做不到。我们必须和这个总说“我不行”的恶魔战斗。在改变思维模式的过程中，你必须始终保持积极的心态。

点石成金

弗雷德·阿斯泰尔（Fred Astaire）第一次试镜就失败了。米高梅电影公司（MGM）负责选角色的总监指出，阿斯泰尔“不会演戏、不会唱歌，还有点儿秃。只会跳点儿舞”。但阿斯泰尔非常乐观，他后来成了一名十分成功的演员、歌手和舞蹈家。著名作家斯蒂芬·金（Stephen King）刚开始写作时身无分文。他和妻子住在拖车里，两个人兼职好几份工作。在他的第一部短篇小说《玻璃地板》（*The Glass Floor*）以35美元的价格卖出之前，他收到过60封退稿信。

除非事实非常明显，否则我们不能听任别人告诉我们会失败。除非有充分的理由怀疑，否则我们就必须避免怀疑。我们必须去除“我不行”的念头，除非我们真的办不到。

安东尼·罗宾（Anthony Robbins）是一位生涯教练（Life Coach），因其个人潜能开发的系列讲座而知名。他在书中写道：“恐惧和‘我不行’在我看来，不过是看似真实的假象。正是我们对恐惧的看法让我们畏惧，阻止我们做出改变。然而，一旦我们对所恐惧的事有所了解，我们就有足够的信心朝着目标前进。如果我们说‘我做不到’，也许只是因为我们不想做到。‘我不行’这三个字对我们毫无帮助。”

行动指南

• 如果你嘴上说做不到，那你的心里已经在怀疑自己，已经在向失败屈服，让本就禁锢你现有思维模式的障碍变得越发牢不可破。

• 你该如何把握机会、如何面对结果，完全取决于你自己。

• 要坚持不懈、不屈不挠，全力抵制“我不能”这个念头的诱惑。

• 如果你所做的一切都只是在纸上谈兵，那这本身可能就在表明，有些恐惧已经阻碍了你的实际行动。

• 将自己和他人进行比较常常会让你感到沮丧。

• 你以前没有完成过某件事或没有取得过任何成就，并不意味着你现在就办不到。

13 摆脱一切消极心态

法国哲学家蒙田（Montaigne）写道："我的一生有太多的不幸，而它们中的大多数从来都没有发生过。"消极是做出改变的直接障碍。当你情绪低落的时候，当你觉得通往成长型思维的道路如此漫长，甚至有点儿偏离轨道的时候，千万别让消极的念头压倒你。

点石成金

福特公司的前首席执行官艾伦·穆拉利（Alan Mulally）说："一定要传达这样一种理念：前方总是有路，总能想出法子推动公司前进。这非常重要，因为这就是你来这里的目的。"消极的思维模式表现在循环重复，毫无效果。这些思想没有真正的用途，只会导致负面情绪。一旦我们学会识别这些思维模式，我们就可以选择如何应对。消极的思维就体现在，总是预计会发生坏事，或者认为好事永远不会发生。

当大脑假想未来，联想出可能出错的场景和想法，创造出各种"如果"的场景假设时，我们就会陷入消极的思维模式。这会导致我们在生活中总会自我批判、总会苛责他人，导致人际关系极度紧张。

成功的商业人士深知失败后继续前行的意义。如今赫赫有名的索尼公司（SONY）的第一个正式产品竟然是煮饭的电饭煲。在辛苦研发的博客平台 Odeo 惨遭苹果公司的 iTunes 淘汰后，埃文·威廉姆斯（Evan Williams）创办了推特。亨利·福特的头两家公司均以倒闭收场，一度将他逼到破产的边缘。

与易趣网一样，Priceline 也是少数几家凭实力东山再起的互联网公司之一。尽管该公司在 21 世纪初对机票和酒店客房服务推出了大胆的“自我定价”（Name Your Price）策略，掀起了轩然大波，但这场革命最终以失败告终。首席执行官杰弗里·博伊德（Jeffrey Boyd）通过收购竞争对手、削减产品线等一系列策略，才得以让公司扭亏为盈。他强调说，为了做到这一点，他不得不甩开来自内部和外部的诸多消极因素。如今，Priceline 已然成为旅游行业的巨头。

通用汽车公司在 2009 年遭遇灾难，申请破产，解雇了数千名工人。美国政府违背公众意见强行介入，在削减成本、关闭了数个部门后，该公司筹集了 200 亿美元再次上市。到 2013 年，政府卖出了最后一批通用汽车公司的股票——这实在是一个非凡、积极的扭转之举，挽救了 100 万个就业岗位。世界上最昂贵的标价事故之一是 2006 年意大利航空公司（Alitalia Airlines）的一次疏忽。该航空公司误将原本 3900 美元从多伦多飞往塞浦路斯的商务舱机票标为了 39 美元，并以这个价格售出了 2000 张机票。意大利航空公司很快同意兑现这些机票，这直接造成了 772 万美元的损失。但由此带来的品牌效益巨大，足以抵消一切负面影响。

沉湎于过去所犯的错误只会产生消极的情绪。当我们在脑海中一遍又一遍地反复回放那些我们做出的“糟糕”选择或“错误”行为时，恐怕只会徒增罪恶感，认为自己很没用。当然，单单只是回顾过去的经历并没有什么不好。

行动指南

· 专注于积极的态度和想法，你就会变得清醒警觉。遇到问题，不妨退后一步观察，这样更容易均衡思考。

· 活在当下，关注“现在”。

· 尝试瑜伽或冥想。

· 不要总是担心会把事情做错。相反，要好好考虑如何把事情做对。

14 解决问题

问题是改变思维模式的障碍。当然，我们都会遇到各种问题，这本就是生活的一部分。有些问题好解决，有些问题难解决；有些问题需要帮助，有些问题你只能自己扛。但如果你站远一点儿看问题，就会发现：第一，问题会变小；第二，你能更清楚地看到解决方案。

点石成金

1993 年，据称在华盛顿特区的一听“轻怡”百事可乐中发现了一支注射器。其后一周，又出现了超过五十条关于百事可乐易拉罐被人动过手脚的报道。百事可乐公司及美国食品和药物管理局（FDA）都相信这些是虚假报道，于是百事公司为自己辩护。但是，百事可乐并没有含糊其词地声明“请相信我”，而是制作了四个视频，每个视频都详细介绍了生产制造过程和安全措施。危机期间，“轻怡”百事可乐的销量下降了 2%，但一个月内就恢复了。

2010 年，丰田公司（Toyota）因安全缺陷问题召回了 800 多万辆汽车，这其中还包括油门卡住导致多人死亡的问题。起初，丰田公司还无法解决这些缺陷问题，但他们还是派出了公关团队来阻止媒体的抗议。一开始，几乎看不到管理团队的反应。丰田公司应对迟缓，造成了灾难性的后果。但对公司来说，这成了一记警钟——其结果就是，他们延长了保修期，加大了营销力度，借助其长期业绩记录，让消费者对安全放心。接下来的几个月里，公司的广告十分真诚，展现出公司正全心投入解决这个问题。丰田的高管团队终于变得引人注目。

我们常常以自我为中心看待世界，这导致我们只会考虑问题可能产生的负面影响。但如果站远一点儿，把某个问题或是一切问题都看作与自身无关的独立实体，我们就能更好地调节情绪，客观地思考这些困难。其中一项有用的策略就是，在描述问题时，可以假设这些都是发生在其他人身上的事。

成功人士往往不把问题看成巨大的阻力，相反，更多时候，他们愿意把这看成机遇。1881 年，克里斯游艇公司（Chris－Craft）开始生产木船。20 世纪五六十年代，该公司占据了游艇制造业 80% 的市场。之后，玻璃纤维游艇开始占据市场。不到十年时间，克里斯游艇公司从一家占主导地位的游艇制造商变成了破产企业。克里斯游艇公司的销售人员总说玻璃纤维只会流行一时；管理层也拒绝承认木质豪华游艇的时代已经结束。他们看不到商业环境的变化，看不出未来机遇的转变。最后，他们没能解决问题。

把问题看成机遇，通常可以减少随着新问题而来的各种压力。因为这样做，起初看到问题时会感到恼火，接着却变成了好事。成长型思维模式总是强调积极的心态。

行动指南

· 先不把问题看成自己的。你会对遇到问题的人说什么呢？

· 接受问题的存在。这并不意味着你必须得屈服，或是暴力回应。首先不去任由问题滋长，然后再来解决这个问题。

· 问问自己："最坏的结果是什么？"你很容易把问题夸大。别这样做。

· 别死抓着对错不放。不要只看到一点儿信息就做出草率的判断。敞开心扉，尝试一个可能奏效的解决方案。

15 不要紧张

紧张会伤害你，甚至更糟。任何压力都会阻碍你的成长。如果满脑子都是那些无法厘清的头绪，你也就没有机会做出改变。

点石成金

微软公司的联合创始人比尔·盖茨（Bill Gates）很喜欢睡前读书。不管多晚，他至少都要读上一小时。他说这让他很放松。盖茨还说，他从沃伦·巴菲特（Warren Buffett）那里学到了要把事情简单化，这也能减少压力、化解紧张。盖茨评价巴菲特“总有能力简化事务，只做真正重要的事，通盘考虑基本问题，他能做到这一点真是太神奇了。这正是天才的一种表现”。换句话说，抛开所有烦恼，就更容易专注于一项任务。顺便说一句，沃伦·巴菲特还弹奏尤克里里让自己放松。

在获得格拉斯哥大学（University of Glasgow）的荣誉学位后，苹果公司的首席执行官蒂姆·库克（Tim Cook）向学生们建议要保持积极心态，不要理会周围的那些“噪声”。总是听每个人喋喋不休，只会感到压力巨大。他说：“如今这个环境，愤世嫉俗的人到处都是，你必须学着把他们排除在外。因为，如果不这么做，它们会盘踞在脑海中变成癌症。渐渐地，你会认为自己什么都做不成，生活态度也变得消极起来。”对脸书公司的首席运营官雪莉·桑德伯格（Sheryl Sandberg）来说，重要的不是做了什么，而是不做什么。她会在晚上关掉手机；不收电子邮件，不打电话，也不上网。

如果不加以控制，紧张和焦虑会对健康产生长期的负面影响。人们对压力的容忍度各不相同。有人会恐慌、会对抗，有人却会拿出来讨论。以前只需要决定“打还是逃”，速战速决；而如今的“问题”往往会拖得很久。这会造成体内的肾上腺素和皮质醇不断冲击血液系统，我们日日与这种负能量相伴，身体无法分辨压力的来源，无法判别压力的严重程度，最终，身体变成了“忧虑池”。如果这个池子在我们真要对抗压力前已经满了，那么我们就再也无力应付。很快，恐慌会如期而至。

应付也是解决问题的重要组成部分。有时候，我们不得不把问题反过来看，这不仅是为了谋求机会，也是为了让生活轻松一些。在宜家家居（IKEA），你可能会对那些花哨的瑞典语产品名称感到好奇。你可能认为这是个噱头，但事实并非如此。该公司的创始人英格瓦·坎普拉德（Ingvar Kamprad）患有阅读障碍症，导致他很难记住产品代码。因此，他创建了一个系统，将产品名称与视觉图像关联起来。这能减少压力。

行动指南

· 据说，深夜盯着笔记本电脑和手机屏幕会阻碍身体释放有助于睡眠的褪黑激素（Melatonin）。

· 当你感到不知所措时，找出原因很重要。感觉失控和压力巨大，是一种情感超载的表现，会触发应激激素的释放。

· 出去散散步，可以立刻换个环境，还能改善体内的化学成分分泌，从而减轻压力。

· 找个人谈谈你的压力（也许就是在散步时）也是个好方法。对方也许会认真倾听，也许会告诉你真相。

· 如果你有说“不”的理由，那么说“不”的能力就很重要。

16 别把自己太当回事

把自己看得过于重要，反而会成为做出改变的障碍。因为我们看不到生活中平凡的一面，这其中，有些事其实非常好玩有趣。而好玩和有趣有助于积极思考。保持心理的平衡和平静才是幸福的关键因素。当然，这里也包括微笑。

点石成金

维珍集团的创始人理查德·布兰森讲述过他有一次参与媒体噱头的事。1999年，公司放飞了一只写着“英航站不起来”（BA can't get it up）的气球飞艇，飞过了当时尚未完工的“伦敦眼”摩天轮。理查德·布兰森说：“有那么点儿厚颜无耻，偶尔逗逗乐子挺好的。别把自己太当回事，这很重要。”有时候，自嘲很难，不把生活看得太严肃真的很难。由于家庭、人际关系和工作的需要，人们往往很难做到轻浮草率。无疑，人人都有自尊心，都要顾及面子，如果自尊心受到伤害，很容易感到崩溃。没人喜欢在他人面前被愚弄。但是如果我们能够自嘲，就能让自己以及他人感觉好得多。当然，要是有人非常粗鲁无礼，那就不好玩了，就需要出手制止。

当我们不把自己太当回事时，就能发现不少幽默的笑点。当然，生活中有些时候的确是非常严肃的。然而，如果我们看不到生活中有趣的一面，就会给自己增加不必要的压力、负荷和消极情绪。贝尔领导力研究所（The Bell Leadership Institute）的创始人杰拉尔德·D. 贝尔博士（Dr. Gerald D. Bell）曾写道：“幽默是领导力的重要工具。人们常常会惊讶地发现，‘幽默感’这个词最常出现在形容某个领导者的优秀品质上。那些能够将强烈的职业道德感和幽默感相结合的人，往往在他们的组织中处于领导地位。”

微笑对于笑的人和看到的人而言都非常重要。有时候，营销人员善用幽默会取得很棒的效果。男性美容品牌 Old Spice 就是个好例子。看看他们的推特页面和广告吧，他们的营销策略之所以奏效，是因为这些产品虽然只是为男性设计的，但女性看了也会觉得很开心，深受吸引。让自己放松一些，毕竟人人都有些怪癖。好好想想别人喜欢你的哪些方面，可能不那么喜欢你的哪些方面。要是做了让人发笑（不是引人嘲笑）的事，那就不妨笑一笑，哪怕是微笑也好。笑能缓解压力和无聊，提高参与感和幸福感；笑不仅能激发创造力，促进合作，还能提高生产效率。笑有助于改变我们的观点，对身体也有积极作用。笑能放松肌肉，增强免疫系统，释放内啡肽，减少压力荷尔蒙，增加血液流量。

大笑和微笑往往还能产生感染力，可以营造出舒适的氛围，确保团队合作（和你自己的）的工作变得更好。

行动指南

· 牧师、拉比、阿訇和修女四个人走进了一家酒吧，酒保说：“这是什么？一个笑话?”

· 听到滑稽好笑的事，如果做不到哈哈大笑，至少也要表现出恍然大悟。有时候，能领会笑点就足够了。

· 心里要明白有些人可能不喜欢你，这没关系。生活本来就是如此。

17 不要甘当受害者

林登·约翰逊（Lyndon Johnson）总统的卫生、教育及福利部长约翰·W. 加德纳（John W. Gardner）曾写道："顾影自怜无疑是非药物麻醉剂中最具破坏性的；它会让人上瘾，给人短暂的快感，让受害者脱离现实。"做个受害者并不会让你成长。在很大程度上，未来需要你自己创造。所以，要勇于承担责任。

点石成金

社会（和媒体）很快就会把事情发生或未发生的原因归咎于某个人。人们太容易指责别人。而受指责的对象则大致会这么回应："这不公平""如果……就好了""这不是我的错"。当我们这么说或这么想的时候，我们就是在放弃自己的权力。怎么管理自己，必须由我们自己决定，而不是把责任推卸给别人。虽然有时候这的确不可能，但大多数情况下这都是可能的。当我们为了自保而准备去指责他人时，就该对自己大声喊出："停下！"

1954 年，"猫王"埃尔维斯·普雷斯利（Elvis Presley）首次在田纳西州的大奥普里剧院（Grand Ole Opry）演出。场地经理吉米·丹尼（Jimmy Denny）在埃尔维斯仅仅表演了一场之后就解雇了他，并对他说："孩子，你哪儿也去不了。你应该回去开卡车。"但普雷斯利拒绝做个受害者。

我们时不时就会陷入受害者的迷局，觉得自己遭受了不公。但把自己想成是个受害者只会让我们感觉更糟。一味地沉湎于受害者的状态，可能是因为我们觉得这会让我们得到想要的关心、关爱、爱情、工作或晋升。我们小时候会这么想，认为成为受害者感觉会更好。可是，把自己看成受害者却无法感觉到快乐。主要原因是，这么想也就意味着我们认同自己有心无力。无能就会恐惧，恐惧就无法快乐。想有心无力，却同时感到快乐，这几乎是不可能的。

当我们自怨自艾时，会觉得整个世界似乎都在与自己作对。但事实并非如此。拿美国著名内衣品牌 Spanx 的创始人萨拉·布莱克里（Sara Blakely）来说，尽管很多人都说她的想法很荒谬，但她依旧拒绝放弃自己的发明。当她向律师团解释她的弹性塑身内衣的概念时，其中几个人甚至认为这就是个玩笑。她同样也遭到了袜子制造商的鄙视。直到有一位工厂主回复了布莱克里的电话。虽然他也认为这想法很疯狂，但他的两个女儿有不同的想法。最后，布莱克里把起初 5000 美元的投资变成了 10 亿美元的大生意。

人人都会时不时地遇到糟糕的事情。自怨自艾，盼着别人为你感到难过，并不能让事情变好。受害者往往会对过去的伤痛愁肠百结。这只会给现在的经历徒增阴影，对任何人都没有好处。

行动指南

- 当你感觉自己是个受害者时，你大概忘了：没人能对你的人生经历负责。别人怎么说、怎么做当然会对你有影响，但最终你的幸福感只取决于你自己。
- 归咎于他人也许能暂时缓解你的痛苦，但从长远来看，它什么问题也解决不了——除非这是一场法律诉讼，你当然要追责；但即便如此，它可能仍然解决不了什么问题。
- 不要一不顺心就自责。不顺心的事总会有，生活本就如此；可也有很多顺心的事啊！
- 受害者只会嫉妒别人的成功，而幸存者却会从他人的成功中得到启发。

18 别责怪父母

这么做太容易了，因为这简直是不用担心后果的天然港湾。但是，除非你小时候真发生过什么可怕的事，否则，作为成年人，你需要对自己所想、所信、所做的一切负责。

点石成金

孩童时期，我们会认为父母绝对正确。父母总是有答案，父母总是知道什么是对的，总是知道下一步该怎么做，这让我们产生了一种根深蒂固的安全感。但到了某个时候，我们就会意识到父母和其他人一样，也是有缺陷的。

梅伊·马斯克（Maye Musk）是美国太空探索技术公司（SpaceX）和特斯拉汽车（Tesla）创始人埃隆·马斯克（Elon Musk）的母亲。离婚后，她是三个儿子唯一的经济支柱，为了改善孩子们的未来倾尽全力。埃隆十分钦佩母亲的职业道德，把这当作自己成功的动力。她做过好几份工作，为了能让儿子接受免费教育，还接受了多伦多大学的另一份工作。同样，网球冠军安迪·穆雷（Andy Murray）对完美的执着也无疑要归功于他母亲朱迪的决心。

卢英德（Indrani Nooyi）成为百事可乐公司的首席执行官后，人们纷纷开始称道她母亲的培养之道。这让卢英德意识到，父母在子女的成功中扮演着重要的角色。因此，她开始亲自给数百名员工的父母写信，以表达自己的感激之情。

但是，相反地，很多人也会因为父母对自身所处的环境、所做的事产生的负面影响而责怪他们。

从某种意义上说，这是件好事——反思过去有助于洞悉当下。有些人在孩童时期受到了可怕的侵害，随之产生的负面影响是可以理解的。但总体而言，把生活中的一切负面因素都归咎于我们的教养，这实在毫无意义。从某种程度上说，我们的行为、态度、认识、教育，都是父母生育和养育的产物，这一点不可避免。然而，我们并不是完全的复制品，我们也可以有不同的信仰。尽管这有的时候并不容易。我们可以自己选择走不同于父辈的道路，而不是困在一条由别人的选择、偏见和判断所决定的道路上。我们对事物的看法也许与父母不同，但这并不说明他们的想法就是错的，只是不同而已。重要的是，和父母当年相比，如今的社会和文化环境，在政治、工作、金钱、人际关系、态度和技术层面都已经发生了变化。

让父母为我们生活的一切负面影响负责，其实是回归到了孩子的思维模式：觉得事事都有他人为我们解决，觉得自己无法肩负起曾被他人左右过的生活责任。这个立场可以理解，但我们必须摒弃它。

行动指南

· 父母的确决定了你的某些方面，但他们没必要替你决定方方面面，为你代劳一切。一切犹未可知，你就是你。

· 就算你认为怎么去苛责和怨恨你的父母都不过分，这些也不会产生任何积极的作用。而且，这个过程本身也会对你自己造成更大的伤害。

· 你要为现在的自己负主要责任。

· 关于过去，你唯一能改变的就是如何让它影响你的现在。

19 用肢体语言说话

我们在各种情形下的站姿、坐姿和静止状态，都会在其他人眼中描绘出一幅画面。它会影响所有和你交往的人，会影响他人对你的看法，也会影响你的自我感觉。

点石成金

2003 年，科尔盖特大学（University of Colgate）的神经科学家对手势和说话的影响进行了一项研究。他们发现，当演讲者的姿势与说话的内容不相匹配时，听众会自动过滤掉演讲者的话。同样，如果要说的话没有任何直接意义，听众也会产生相同的反应。如果一条信息前后矛盾，我们的大脑就会试图化解矛盾。同样，如果有人嘴上说的是令人愉快的事，但肢体语言的表现完全相反，那我们的大脑也会本能地做出消极判断。声音也会产生同样的影响。我们喜欢伊恩·麦克莱恩（Ian McKellen）在电影《指环王》（*The Lord of the Rings*）中饰演的人物甘道夫，是因为我们喜欢他说话的腔调，还有他的声音带给我们的慰藉。

詹姆斯·默多克（James Murdoch）和鲁珀特·默多克（Rupert Murdoch）几年前就英国《世界新闻报》（*News of the World*）电话窃听事件出席了一个议会听证会。听证会上都是因涉及犯罪和道德丑闻而受到抨击的媒体巨头。这对父子团队步调一致，面对同样的信息，表现却大不相同。身为新闻集团（News Corp）主席的鲁珀特·默多克稳健、自信、强大。在审讯过程中，他始终直视着原告的眼睛。他的身体靠向调查小组，偶尔有几个从容的手势表明他的观点。哪怕在记不住细节的时候，他也从未动摇踌躇过。但他儿子的肢体语言却显得紧张不安——他坐立不安、扭动肩膀，不停地做着同样的手势，让人无法集中注意力。

马克·扎克伯格（Mark Zuckerberg）显然也喜欢在谈话中模仿别人的肢体语言，以表明自己赞同对方的观点。虽然听起来有点儿奇怪，但这的确能帮助我们了解别人在想什么。我们可能还没有获得埃隆·马斯克那样的名声和财富，但这并不该阻止我们像他那样在一辆新特斯拉汽车前摆出自信的微笑和姿态。社会心理学家艾米·卡迪（Amy Cuddy）在一次 TED 演讲中说："当你假装强大时，你可能真的能感觉自己很强大。"身体和大脑之间的联系十分紧密，以至于我们的肢体语言会直接影响我们的情绪和心态。我们每一次在人前的表现都非常重要。这些表现自己就会讲故事。不过，你绝不能表现出傲慢。

想象一下，你感到快乐，感到精力充沛，仿佛站在世界之巅。那是什么情形？你大概走路都会一颠一颠的。你会微笑，下巴高高扬起，身体感到十分放松。当我们见到老朋友时，会露出微笑。这些动作都会表现在外。我们完全可以勾勒出这样的画面，因为这就是我们感觉良好时的样子和行为。当我们情绪低落时，我们就会行动迟缓，自我封闭，经常低着头。

大多数人并不知道，我们与他人的大部分交流都是非语言的。换句话说，交流不仅体现在我们说什么，还包括我们说话的方式。如果在演讲、面试或约会时，我们只关注要说什么，那我们就等于丢掉了最强大的工具。马云总喜欢竖起两个大拇指。在中国，这个手势可以被看作在拜佛。在世界上其他地方，这个手势同样也表达出类似积极的含义。马云遭受过许多挫折。他两次高考失利，创业的第一家公司“中国黄页（China Yellow Pages）”也失败了。他还说，自己曾多次被哈佛拒之门外。可他现在很成功，而且无意中正试图鼓励他人。马云竖起大拇指，是在对你说：“不要放弃！”

行动指南

· 发自内心的微笑实际上能激发他人和自己的快乐感。当你微笑时，面部肌肉被激活，同时也关联起了以往的快乐体验。

· 完美的握手姿势要简短、坚定，不要紧握着不放；不要仅用指尖，要用整只手去握。这能传达出你的自信和积极乐观。

· 在会面或谈话中，如果想让别人关注你，说话要洪亮，同时直视着对方，不要一心多用。不要总想着查看短信、看手表，或留意其他参与者的反应。相反，要把注意力集中在那些正在与你交谈的人身上。认真聆听，并表现出认真聆听的样子。

· 站姿要端正，坐姿要笔直。

· 展现真实的自我。

20 别总是说行话

在我们周围，总是充斥着一些只对说话者本人和他们的同事才有意义的短语。如果我们听不懂别人的话，就会插不上话，或者被边缘化。这实在很消极。只有使用平白、简单、直接的语言，才能助长你的成长型思维。

点石成金

据称，美国海军对飞机坠毁的描述是“飞行器部分失控，降落于当地未知地形”，这实在太高深了，一般人根本听不懂。2011年，纽约大学（New York University）的一项研究结论表明，说话者如果使用抽象的语言而非大白话，会让听者认为对方在撒谎。这一点都不奇怪。抽象语言会回避事实，有时还故意混淆视听。它的确让说话者显得庄重，但这只是一种虚假的庄重。这并不是说，所有说行话的人都是骗子；有些人这么做只是想融入同龄人而已。但是，这种无趣的表达方式往往是想传达某个观点，却不考虑是否传达了正确的观点，或是这个观点是否值得传达。生活中充满了行话，想要理解所有的行话是很难的，这么做往往会导致沟通不顺和误解。

芝加哥著名意大利餐厅“Coco Pazzo”的总裁杰克·韦斯（Jack Weiss）说，他在餐厅“场子里”走动时经常听到、用到行话。某个服务生今天没有来叫作“走空”①；某人性子反复无常叫作“毒仔”；味道非凡的葡萄酒叫“花蜜”；餐厅出现特殊紧急情况，比如用餐高峰时段厨房却没准备好，或者是厨房失火，叫作“砸锅”；地位很高、需要格外关照的客人叫作“大文豪”；韦斯说，使用这些术语可以改善团队沟通。如果人人都听得懂，那当然很好。美国赫拉鸡尾酒公司（Hella Cocktail Co.）专门为鸡尾酒生产无酒精的调饮，它的联合创始人贾马赫·平卡德（Jomaree Pinkard）承认，行话的确让他有些头疼，但他仍然每天使用，因为它说起来很简单。当被问及他最喜欢的行话术语时，他回答说：“我们都一样讨厌这些行话，但如果非要让我选……那就是‘弃踢’②（punt，意思是总是推迟解决某个问题或实现某个功能）。可真要这么做……这很快就会掉进‘太荒谬’（most ridiculous）的陷阱里。③”

不久前，在英国广播公司全球服务（BBC World Service）的节目中，当星巴克咖啡（Starbucks）的首席执行官被问到“今年你们还会收购更多公司吗？”时，这位首席执行官给出了包含 39 个行话术语的回答。其实这个回答总结下来不过就是两个字：“不会。”

2013 年，时任喜达屋国际酒店集团（Starwood Hotels & Resorts Worldwide）首席执行官的陈盛福在一次采访中表示：“这些年来，有一点让我感触很深，那就是能够清晰地说话和交流非常重要。你没有必要把市场策略或目标写得花里胡哨。我们想做什么，我们需要做什

---

① 译者注：餐馆中术语译法，当然还有很多种，这里借鉴了广东餐厅里的一些行话。

② 译者注：“punt”一词常出现在足球/橄榄球比赛里，可以翻译成“弃踢”，即为了掌控自己一方的队伍攻势，把球传给对方球队。

③ 译者注：这句话有双关含义——“弃踢”和“太荒谬”应该是鸡尾酒行业的行话。放在这里的意思是，如果真因为讨厌行话就放弃行话，事情可能会更糟。

么，我们要怎么做，用直白、简单的陈述句说清楚就好，这是领导的重要部分……要我说，我对行话很反感……我讨厌行话……”

有些人可能会说，有一套自己的行话就如同抄近路，会产生一种发自内心的得意。人们会觉得，他们懂一些外人不知道的东西，觉得自己和这些说同样语言的人是一条船上的，这感觉很不错。但是，当我们因为行话术语的关系，不得不花费更多时间去阅读或理解文件、电子邮件和说明书时，那行话就是在浪费时间和金钱。当这些未知术语又必须得解释或解释不正确时，则更浪费时间。如果护士总是无法理解工作要求，那正确完成这项工作的可能性又有多大呢？

汉弗莱集团（The Humphrey Group）的首席执行官巴特·恩格尔（Bart Engal）坚持认为：“总结下来，尽管行话有一些好处，但这些好处几乎总是被它的负面影响抵消。结果就是：如果你沟通的目的是想影响他人、说服他人，你几乎总会选择用更清晰、更有力的语言来替代那些行话术语……如果遇到太多听不懂的词汇，有些听众就会干脆充耳不闻……领导者应该明白，他们说出的每一个字都要确保更好地传达消息，否则就不说。领导者应该专心向听众说明和分享他们强有力的思想。他们都要知道怎么用词才能更好地传达这些思想，而不是说得云山雾罩。”

总爱用空洞的短语从来都不是聪明的表现，更不要说是那些意思复杂的隐喻了。当人们觉得有必要证明自己尽在掌握时，他们往往会抓着那些公司或社交的流行语不放。实际上，当我们那么做的时候，恰恰是因为感觉到失控的缘故；而行话术语最终导致了完全相反的结果。真讽刺，因为行话缺的正是词汇所传达的决心，而非清晰度。

行动指南

- 别再使用字典里没有的词了。

· 使用你的听众能理解的词汇。

· 我们说话和写作的方式会直接影响他人对我们的看法。

· 有些人觉得讲行话听起来显得很聪明，大错特错。如果非要说，这只会让他们看起来很愚蠢。另外，如果你所在的行业离不开各种缩写、短语，如果大家都能懂，也能节省时间，这当然没问题；但要注意，仅在自己的圈子里这么做。

· 如果能掌握简单沟通的艺术，你会感到耳目一新的。

· 在商界职场上，如果别人听不懂你在说什么，那你可能会错过很多机会，这一点千真万确。

第三章

转换思维模式就是帮助自己

21 化繁为简

不管怎么说，杂乱无章会让你很难集中精力转换思维模式。你会把精力都花在错误的事情上，你总是顾忌太多，最后反而无法专心。21 世纪的商业成功案例有很多，从宜家、戴森（Dyson）、苹果到爱彼迎，这些故事都有一个共同点：他们总是化繁为简。简化等于清晰，清晰就等于过程轻松，充满乐趣。

点石成金

好莱坞华裔影星李小龙说过："去掉那些不必要的东西。"我们的生活越忙碌、越复杂，就越难保持乐观。当我们要面对太多的要求和义务，没时间去娱乐、反思、与人交往或锻炼身体时，就可能会感到压力过大。其结果就是一事无成，当初信誓旦旦写下的"待办事项"列表也不会因此变短。

生活中难免会感到忙乱不堪、压力过大，化繁为简可以帮我们战胜这些情绪。然而，要想在这纷繁复杂的世界里过上一种更简单的生活，就需要采取一些措施。学着在生活中创造一个更均衡的空间很有好处，而采取一些小步骤循序渐进则是实现这一目标的最好方法。消除杂乱，组织有序，简化人际关系，学着放慢节奏，这些都能帮助我们专注于思维模式的转换。

我们不可能总是在不停的运动中保持最佳状态。具有讽刺意味的是，慢下来反而可能会做得更多（而不是更少）。史蒂夫·乔布斯曾说过："专注和简单——这是我的座右铭之一。简单，可能比复杂更难；你必须努力保持思维清晰，这才能让事情变得简单。但这么做最终是值得的，因为一旦到了那一步，你就可以撼动山脉了。”

当然，我们总是花费大把时间痴迷于查阅短信、博客和推文。在世界各地，在任何城市，走在大街上你都能这么做。虽然科技如此奇妙，但我们仍需要定期抽出时间与世界断开，化繁为简。理查德·布兰森写道：“复杂是大敌。任何愚人都能把事情复杂化，但保持简单是最困难的。”

瑞安航空公司（Ryanair）对价格做了简化。他们通过提供最低价航班，使公司得以扩大市场规模，成为英国领先的廉价航空公司。同样，苹果公司也总是简化其产品线。市面上不少电子产品公司会提供大量的产品选择，苹果却选择只力求完善几款设备。即使公司的产品并不具有排他性，但他们的这种做法产生了一种独有产品的感觉。麦当劳（McDonald's）也是这么做的，它成功地将不起眼儿的巨无霸汉堡（Big Mac）打造成了全球性的标志产品。在一家经典的美式咖啡馆里，传统菜单上会有数百种菜品；1948 年，麦当劳公司成立时，将菜单上的菜品缩减到了 9 种。

行动指南

· 把那些不需要、令人不适，或者从未用过的东西，果断地处理掉、扔掉或卖掉。

· 安排出几天时间，认真地简化生活。

· 限制自己的选择。限制选择会产生一种力量。

· 摒弃多重任务，一次只专注于完成一项工作，然后再继续下一个任务。

· 学会礼貌地对与自身需求不符的邀请说“不，谢谢”。学会在日记中保护自己的隐私空间。

· 事事都想优先处理，就等于没有事能优先处理。

22 永远不要停止学习

有人在推特上问："如果你认为自己什么都知道，那你会有多聪明呢？"成长型思维模式需要不断学习。万事万物只要涉及成长，就离不开学习。学习任何正当的事，都是积极的。

点石成金

学习的过程有时令人沮丧。但这并不一定就意味着沉闷，也不该沉闷。当企业博客（Business Blogging）一度还是个新概念（通常会令人畏惧）时，IBM 公司就鼓励自己的 32 万名员工创建企业博客。管理层为此还制订了企业博客政策和培训计划，鼓励员工做回自己，用第一人称说话，并尊重同事。结果，这成了一场营销盛宴。他们的博文有不少成为互联网上可信度最高的技术文章，引来了大量的页面阅读，以及返回 IBM 主页的链接点击量。

我们总担心学习需要花费时间，但如今学习变得更容易了。TED 演讲就是个好例子。我们可以学到很多本以为会没兴趣了解的东西。总有新技能需要掌握，有新技术需要采用，有一系列新资质需要遵循。各行各业中那些最成功的人并不会表现得好像他们是万事通。他们都明白，必须不断地学习才能成功。

企业也应该认识到学习和分享学习成果的好处。然而，员工之所以与企业离心离德，是因为觉得企业不支持他们学习，总是过度苛责他们，或是工作岌岌可危。当员工没有安全感时，就会压力重重，无法集中注意力做事，继而变得心猿意马。乐意在学习上投资，致力于提升员工的企业会更成功。脸书、苹果、凯悦集团（Hyatt）、玛氏公司（Mars）、谷歌……这些企业都肯在员工身上投入巨资，让他们创造出好点子。他们认识到教学的力量，在内部鼓励、支持员工学习新技能，这为员工和企业都带来了收益。

皮克斯公司（Pixar）的总裁艾德·卡姆尔（Ed Catmull）总说："皮克斯大学（Pixar University）有助于强化一种心态：人人都要学习，在一起学习非常有趣。"美国储存及收纳产品零售商 The Container Store 崇尚员工第一的企业文化，他们的董事长基普·廷德尔（Kip Tindell）将员工满意度视为保障客户满意度的关键。他认为，如果企业能照顾好自己的员工，他们反过来也会照顾好客户。为了将这一理念付诸实践，廷德尔把支付薪酬和培训员工放在比市场竞争更重要的位置。他的招聘理念是先招聘优秀人才，然后为他们提供良好的培训。他认为好员工能以一当三。为了能让新员工成为优秀员工，The Container Store 会在员工入职的第一年为他们提供超过 263 小时的正式培训，而这一行业的平均培训时间是 8 小时。

星巴克咖啡的新员工培训中，70% 来自在职体验和实际操作，20% 来自同事、经理和培训教练的指导和反馈，另外 10% 则是在线课程的学习。星巴克咖啡还将在职培训与星巴克大学（Starbucks University）的正式学术课程相结合，员工还能获得报销学费的福利。为了兑现员工培训的承诺，星巴克咖啡曾在 2008 年关闭了所有美国门店 3 个小时，以便让员工集中精力学习如何更好地供应咖啡。这造成了数百万美元的收入损失，但他们的首席执行官霍华德·舒尔茨（Howard Schultz）却将这些损失视为一项投资。

行动指南

· 树立优势比克服弱点更容易。如果你的技能和别人存在差距，也许该立刻着手解决。本杰明·富兰克林说过："在知识上的投资是回报率最高的投资。”

・拥有成长型的思维模式，意味着我们要对自己的学习和成长负责。当这种需求与所在组织所倡导的事物相匹配时，其结果是非常积极和有益的。

・在当今这个飞速发展的时代，即便坚持学习也可能会停滞不前；但不坚持学习，就一定会落后。

・承认自己不懂，这是你在学习中需要弄懂的第一步。

23 慢慢来，因为时间都是你的

即使在情绪最糟糕的时候，花点儿时间看看这个世界，看看我们周围的一切美好而迷人的事物，也能让我们立刻振奋起来。

点石成金

“大自然缺失症”（Nature – deficit Disorder）是理查德·勒夫（Richard Louv）在他的著作《失去山林的孩子：拯救大自然缺失症儿童》（*Last Child in the Woods*：*Saving Our Children From Nature – Deficit Disorder*）中用到的一个短语。他认为，是我们的室内生活方式导致了一系列健康和行为的问题。积极向上的人总是离不开大自然和户外活动。在莎士比亚戏剧《皆大欢喜》（*As You Like It*）第二幕第一场中，老公爵说：“我们的这种生活，虽然远离尘嚣，却可以听树木的谈话，溪中的流水便是大好的文章，一石之微，也暗寓着教训；每一件事物中间，都可以找到些益处来。我不愿改变这种生活。”① 当我们还是孩子的时候，看什么都很新鲜，因此，处处是奇迹的源泉。随着年龄的增长，我们对周围的一切渐渐习以为常。然而，看一架大型飞机降落或起飞对许多人而言仍然是很令人惊奇的；正如看巨型轮船庄严地驶入博斯普鲁斯海峡，看机器人制造汽车，看蚂蚁背着比自身重百倍的物体前行，或者看秋日的树林一样，尺寸差异、自然和科学奇迹总会令人叹为观止。

① 译者注：此处采用的是朱生豪译本。

当我们努力工作时，有一个肯让我们尽情休息的雇主也是件好事。有些知名公司会提供无限期的休假时间，如美国的职场社区网站 Glassdoor[①] 和维珍集团就是这样。然而，这类政策通常并不是鼓励员工真的去休假，因为政策没有激励他们“要么尽快利用假期，否则过期作废”。许多公司会敦促员工花时间走出去，发现新事物。脸书公司为身为父母和准父母的员工提供了令人难以置信的福利：初为人父人母的员工享有四个月的带薪育儿假，可以报销日托和领养费用，孩子出生后还可以得到几千美元的补贴。同样，美国快餐连锁店“卡普里奥蒂三明治（Capriotti's Sandwich Shop）”也允许员工请假参加孩子们的活动，而且不问原因。

电子病历系统公司 Epic Systems[②] 的员工每五年就有资格享受为期四周的带薪休假。此外，如果员工选择在休假期间外出旅行，公司会为员工及其邀请的一位客人提供旅行资金。同样，社交媒体研究公司 Fizziology 也为员工提供旅行补贴；他们称之为“灵感之旅”，鼓励员工年年这么做。

我们要有能力从看似理所当然的事物中欣赏到美。你只需要多一些留意、多一些专注，就能办到。例如，可以想一想，需要组织起多少种不同的流程，才能创造出你现在所拥有的体验。只需想象这一切假如都需要你自己全情努力办到即可。再想象一下，如果你要在心里想着如何呼吸，或者想着如何听音乐会，那会是什么样。每一次呼吸、每一个动作、每一种情形，正是这些才创造出我们活在当下的可能，这实在非同寻常。我们经常被大量事务性的工作淹没，或者深陷那些并不重要的事中难以自拔。大多数时候，我们只是对周围那些不可思议的事物报以简单一瞥，然后又埋头于单调的

① 译者注：此处缺少中文对应译名，因此在前面增加企业属性解释。
② 译者注：此处没有对应中文名，故在前面增加企业属性解释。

日常生活中，再也不会留意。这实在是一种损失。

美并不总是借由那些改变人生的高光时刻或是伟大的顿悟而体现出来的。它并不总是隐藏在彩虹中，并不总是体现在惊天动地的高潮中，也并不总是存在于几千米高空跳伞的刺激体验中。美往往存在于一双专注的眼睛中，存在于一朵花儿中，存在于旧篱笆上剥落的油漆中，存在于日常用品的巧妙设计中。美往往出现在你最意想不到的地方。

行动指南

· 每周有 168 个小时。你可能要花 40 小时在工作上，剩下的 128 个小时则花在睡觉、吃饭和休息，以及你想做的任何事上。

· 离开了冷静和条理，你的思维模式就不会转换。除非你愿意花时间去欣赏周围的一切，否则也无法改善你的思维模式。

· 要从小事中发现美。如果你总是神情恍惚、心烦意乱，就会错过这些美。

· 允许自己重新审视事物，就好像第一次见到时那样。

· 给自己时间专心享受与他人交往、与家人相处的时光。

· 在列举自己的幸福和所拥有的事物之前，不要去历数自己的不幸和所缺少的一切。

24 阅读，再阅读

阅读既有趣又有用，使人受益，令人放松。任何能为改变和成长创造附加值的事都会让你受益匪浅。这其中的一个促进因素就是讲故事。

点石成金

讲故事在思维模式的成长中扮演着重要角色。如果我们在听某人讲解演示文稿时，只看到一些无聊的要点，那我们的大脑中只会有某些特定部分被激活。科学家把这些部分称为布罗卡区和韦尼克区（Broca's and Wernicke's Areas）。总体而言，大脑的这些区域帮我们把文字解码成意思，仅此而已。并没有额外触发效果，也没有产生其他刺激。然而，当我们听一个故事时，整件事就会发生戏剧性的变化。如果故事（电影、戏剧、歌剧、书籍）讲得好，那么语言（或音乐、表演、角色）就会像机枪扫射一般激活我们的大脑。

沃伦·巴菲特读了很多书。“我每天要阅读500页。知识的工作原理就是这样，它会不断累积增长，就像银行的复利一样。所有人都能做到。但我可以保证，没有多少人愿意这么做。”到现在，他每天仍然将80%左右的时间用于阅读。他并不是唯一这么做的人。比尔·盖茨每年大约读50本书。马克·库班每天的阅读时间超过3小时。埃隆·马斯克也是位狂热的读者，当被问及如何学会制造火箭时，他答：“从书上读来的。”成功人士往往对他们所读的东西非常挑剔，他们会选择阅读有益的东西，而非仅仅为了消遣。

他们相信书籍是通往学习和知识的大门。汤姆·科利（Tom Corley）在其著作《富翁的习惯：有钱人每天的成功习惯》（*Rich Habits: The Daily Success Habits of Wealthy Individuals*）一书中这样写道：富人读书是为了自我提高、受教育和成功；而其他人读书则主要是为了消遣。商业领袖尤其喜欢阅读传记和其他成功人士的自传，以此作为指引，从中获取灵感。

埃隆·马斯克喜欢阅读伟大发明家和企业家的传记，例如霍华德·休斯（Howard Hughes）[①]、本杰明·富兰克林（Benjamin Franklin）、阿尔伯特·爱因斯坦（Albert Einstein），当然还有尼古拉·特斯拉（Nikola Tesla）[②] 的传记。他说："《富兰克林自传》对我的生活影响最大……我也热爱各种各样的故事，但再没有什么比那些满怀雄心壮志的真人真事更能激励我的了。"比尔·盖茨很喜欢卡萝尔·卢米斯（Carol Loomis）的那本《跳着踢踏舞去上班：听沃伦·巴菲特纵论天下，1966～2012》（*Tap Dancing to Work: Warren Buffett on Practically Everything*, 1966～2012）；他还喜欢伊丽莎白·科尔伯特（Elizabeth Kolbert）的《大灭绝时代：一部反常的自然史》（*The Sixth Extinction: a natural History*）。巴拉克·奥巴马（Barack Obama）喜欢托妮·莫里森（Toni Morrison）的《所罗门之歌》（*Song of Solomon*）、《白鲸记》（*Moby - Dick*），泰勒·布兰奇（Taylor Branch）的《分水岭：美国民权运动的奋起与挣扎》（*Parting the Waters: America in the King Years*），玛丽莲·罗宾逊（Marilynne Robinson）的《吉利德》（*Gilead*），以及拉尔夫·瓦尔多·爱

① 译者注：霍华德·休斯（Howard Hughes）是美国著名航空家、工程师、企业家、电影导演、花花公子、怪人，以及当时世界上最富有的人之一。

② 译者注：尼古拉·特斯拉（Nikola Tesla）是塞尔维亚裔美籍发明家、物理学家、机械工程师、电气工程师。埃隆·马斯克的特斯拉汽车就是以他的名字命名的。

默生的《自立》（*Self-Reliance*）。他还喜欢阅读《圣经》、莎士比亚的悲剧和《林肯文集》。

读故事益处很多。故事可以让我们的整个大脑一起工作。故事的形式多样，可以是小说、使用指南、研究文献和纪实文学。如果把一个故事分解成最简单的单元，就是一系列因果关系。这完全等同于我们思考问题的方式。我们整天想的事——无论是解决问题，明天的晚餐，我们的伴侣和孩子，还是一部电影或自己的职业——不管是什么，我们的思考过程就是在叙事。

这并不奇怪，因为故事占据了我们谈话内容的65%。这就是打比方如此奏效的原因。当我们展开想象的时候，会激活大脑中一处叫作脑岛（Insula）的区域，这个区域会帮我们把过去的类似体验、听过的事或是读过的事联系起来。这种行为适用痛苦、情感、快乐、愤怒、温暖、恨、爱、兴奋和性等各种感知。有趣的是，语言过于刺激或过于平庸都几乎不会刺激到脑岛，也几乎不会触发记忆。所以，故事该怎么讲，是很重要的。

在阅读时，作家引导着我们走进了另一个世界，看到了全新的想法。阅读能帮助我们发展自己的思想、语言和个性。阅读还可以提高我们的情商。它能激发积极的心态，让人产生极大的满足感。

行动指南

· 阅读有助于抵御压力，避免抑郁和痴呆，还能增强自信、同理心和决策能力。

· 读经典好书，读优质博客，读精彩文章。什么是“好”“优质”“精彩”，观点往往很主观；但你会知道自己喜欢什么，什么是积极的、有趣的、有意义的。要有选择性地阅读，选择最好的。要培养一种能得到历练的感觉，培养一种能帮助你坚定信念（也许获得全新的信念）的感觉。

· 读得越多，学得越多。

· 当阅读一本书时，你必须记住书中的各种人物角色、故事背景、人物抱负、历史信息和各种玄妙细节，以及贯穿每个故事的事实和次要情节。你为此创造的每个新记忆都会在大脑中锻造出新的突触（大脑通路），并强化现有的突触，这非常有助于短期记忆的回忆。

· 当你读小说或传记时，你的同理心会得到提升。毫无疑问，能设身处地地想事情会有助于培养你的思维模式和心态（这两个实际上是一回事）。

25 好好睡一觉

睡眠使人头脑清醒，使人精力充沛。要想变得积极，要想去学习、去成长，你需要精力充沛。

点石成金

对于像苹果公司首席执行官蒂姆·库克这样的领导者来说，睡眠显然妨碍他们掌控自己的职责。库克每天凌晨3：45就会起床，然后开始处理每天收到的700封电子邮件。这是好事吗？菲亚特克莱斯勒集团（Chrysler Fiat）首席执行官塞尔吉奥·玛切尼（Sergio Marchionne）凌晨3：30就起床查看欧洲市场。百事可乐公司的首席执行官卢英德在耶鲁大学求学期间，从午夜到凌晨5：00兼职做前台接待。据说，雅虎公司的首席执行官玛丽莎·梅耶尔（Marissa Mayer）每晚只睡4个小时，这样每周就可以工作130个小时。然而，据说在2014年的某一天，她因为连续20个小时保持清醒，导致瞌睡不醒，从而错过了与首席执行官们的重要晚餐。这很好地提醒了我们：非自然行为也有其负面后果。

对《赫芬顿邮报》（*Huffington Post*）的创始人阿里安娜·赫芬顿（Arianna Huffington）来说，每晚睡眠不足8小时并不是什么好事。她曾经每天工作18个小时，最终因睡眠不足而昏倒。从那时起，她就成了适度睡眠的拥护者。

大多数人会睡眠不足，有些人认为这能显示出勇气和毅力。一派胡言！如果总是很累，那我们什么都实现不了。一整天都精力充沛时，我们就能完成更多想做的事。要把睡眠看作最宝贵的资源。如果睡眠过少，就会失去专注力；而专注力丧失，则可能会损害个人与职业的发展。

睡眠不足还会导致抑郁症的高发，以及随之而来的各种副作用。缺乏睡眠会导致心力衰竭和智力下降。而规律的睡眠周期则可以促进身体健康。的确，有极少数人（约占世界人口的5%）能靠很少的睡眠维持生活，但这些人中有不少每天都会午睡，比如约翰·F. 肯尼迪和温斯顿·丘吉尔（Winston Churchill）。而杰夫·贝佐斯则是8小时昼夜节律的坚定拥趸，他不参加晨会，而是与妻子和孩子一起吃一顿健康的早餐。比尔·盖茨也强调，每天至少7小时的睡眠对创造力十分重要。

行动指南

- 睡眠能让你在醒着的时候更好地做需要做的事。效果明显吗？有人会这么认为。
- 与身体的自然睡眠——觉醒周期或昼夜节律保持同步，是改善睡眠最重要的策略之一。
- 尽量不睡懒觉，即使在周末也是如此。如果你需要弥补夜间睡眠的不足，不妨选择白天小睡。
- 如果在睡觉前感觉很困，不妨离开沙发，做些需要站起来做的事。
- 褪黑激素是一种受光照控制自然产生的激素，有助于调节人的睡眠——觉醒周期。你的大脑在黑暗中会分泌更多褪黑激素，让你陷入睡眠；而在光线充足的时候，褪黑激素的分泌就会减少，这会让你更加警觉。然而，现代生活的许多方面可能会改变你的身体产生褪黑激素，改变你的昼夜节律。
- 要避免深夜看电视、发短信或看电子邮件——太刺激神经了。

·经常锻炼的人睡眠会更好。

·如果你在夜里醒来时对某件事感到焦虑，可以在纸上先做个简短的记录，把焦虑推到第二天再去处理。那样，你会发现事情更容易解决。

26 涂 鸦

涂鸦有助于提高认知能力和记忆力。这两点都是培养思维模式所需的要素。

点石成金

1993 年 10 月，索马里民兵杀害了 18 名美国士兵。得知消息后，克林顿总统（Bill Clinton）召集了国家安全小组商议对策。据他的助手理查德·克拉克（Richard Clarke）回忆，总统一直静静地坐着听简报。然后，“听完了在座各位的想法后，克林顿停止了手中的涂鸦，抬起头来说：‘好吧，我们就这么做。’”

德怀特·艾森豪威尔（Dwight Eisenhower）常常画桌子、铅笔和满头秀发的自己。罗纳德·里根（Ronald Reagan）经常把工作人员画成欢快的牛仔漫画形象。据说，约翰·F. 肯尼迪在去世前的最后一次内阁会议上涂鸦了“贫穷”这个词。在另一幅似乎与现代有关的涂鸦中，他反复写着“9/11”，旁边还有“阴谋”二字。他还倒过来写“11/9”。事后证明，那是一个委员会的投票结果，而不是 2001 年 9 月 11 日恐怖袭击的预言。

在联合国安理会的一次会议上，希拉里·克林顿（Hilary Clinton）出席聆听有关全球安全和中东问题的演讲时，有人看到她在演讲中乱涂乱画。这则新闻在全球媒体上播出，成了指责她缺乏关注的证据。但是，仅仅因为她在涂鸦，并不意味着她没有在听或在思考。情况可能恰恰相反。

涂鸦能让我们无法入睡，能避免大脑在关闭运转时瞪着眼睛发呆。意识“获准”我们自由涂鸦，可以帮我们保持清醒和警觉的同时又稍稍放松。无意识的绘画还能减轻忧虑，更容易集中精力。我们喜欢编故事来让生活变得合理、有意义，但有时，有些空白是无法填补的。但涂鸦可以填补这些空白，也许借助涂鸦能寻找到丢失的记忆碎片，把它们拉回“此情此景”，重新拼凑出生活的完整拼图。

2014 年，耐克公司（Nike）的首席执行官马克·帕克（Mark Parker）每次开会都带着一本 Moleskine 笔记本，那上面满是涂鸦。帕克说，这些涂鸦能帮他厘清头脑风暴的过程。戴尔（Dell）、迪斯尼和美捷步等公司甚至聘请艺术家来教授员工如何使用视觉语言。众所周知，史蒂夫·乔布斯思考问题时喜欢长时间散步，他经常使用一块小白板来勾画出解决问题的可能方案。

虽然涂鸦看起来像是胡写乱画，但它们并不像我们想象的那么随意。有些心理学家认为，涂鸦可以揭示人潜意识里思考的事情。就像脑电图（EEG）可以把大脑的活动传递到纸上一样，你的手也可能会这么做。

行动指南

· 涂鸦有助于提高记忆力、听力、创造力和情感表达等认知能力。

· 你可以信手涂鸦，画什么都可以，这可以防止大脑陷入“待机”状态，不再关注外部世界的东西。

· 你可以用涂鸦来阐明想法。

· 有时候，你需要的不是做白日梦，而是让大脑放松，但仍需要关注各种外界刺激。

27 成为团体的一员

成为团体或社区的一员好处很多。得知身边有人和自己有共同的目标，会关心自己的进步时，我们会更有安全感。总体而言，成为团体的一员会让人感觉更好，感到更积极。

点石成金

无论是在商业层面还是个人层面，人际关系一直是完成工作的重要因素。利用人脉在我们的生活中扮演着重要的角色。人们因为多种原因加入工作内外的各种团体。成为团体的一员，可以为我们提供社会地位或安全感，并能使个体产生某种形式的被需要感。这种被需要的满足感是能把事情做得更好的前提条件。

想想你加入的每一个团体，从你的朋友圈到专业聚会；我们时不时会附和他人喜欢的事物，借此来拉近关系——可能是每周、每月、每年这么做。团体聚会的地点可以是真实的，也可以是线上的论坛。团体准入规则根据其名声以及需要程度，可能很宽松，也可能比较苛刻。当然，我们必须小心，因为有些组织成立的原因可能非常危险或极端。

团体（当然还有帮派）成员的数量不尽相同，交流方式和组织结构也多种多样。大多数情况下，团体的所有成员会聚在一起服务或实现某个共同的目标。团体的力量体现在每个成员的合力之上。阳光港（Port Sunshine）是英国默西塞德郡的一个村庄，它于1888年由利华兄弟公司（Lever Brothers）建造，居住的都是旗下肥皂厂的工人。“阳光港”这个名字来自该公司最受欢迎的肥皂品牌。利华兄弟十分信仰社区和社工团体的力量。宗教团体也会成立企业，发展自己的团体和社区。例如，以贵格会教徒的社工团体起家的全球企业，包括桂格燕麦（Quaker Oats）、巴克莱银行（Barclay's Bank）、桑迪斯普林银行（Sandy Spring Bank）、约翰·霍普金斯大学（John Hopkins University）、亨茨曼钢铁（Huntsman Steel）、吉百利（Cadbury's）、索尼公司和能得利公司（Rowntree's）等，都是如此。

当我们置身于一个强大的团体中时，我们很可能会获取到更多有助于自身成长的灵感。在世界上最大的奢侈品公司路易威登集团（LVMH）中，有像马克·雅可布（Marc Jacobs）和菲比·费罗（Phoebe Philo）这样才华横溢、富有创造力的创新者。但与他们一起工作的还有相当一部分高管，他们专注于业务分析，监控和评估这些创新者的各种创意。路易威登的成功要素之一，就是拥有一种独特的文化，在这种文化中，不同类型的人可以蓬勃发展，并作为团队内部的一员通力合作。

英国奥雅纳工程顾问公司（Arup）也许是世界上最有创意的工程设计公司。许多标志性的建筑都带有奥雅纳独特的印记，如悉尼歌剧院（Sydney Opera House）、巴黎蓬皮杜中心（Centre Pompidou）、北京水立方。奥雅纳公司总是从整体上处理各项工作。例如，当公司建造一座悬索桥时，他们不仅关注直接客户关心的内容，还会关注依赖这座桥生活的地区和社区。然后，奥雅纳公司会与数学家、经济学家、艺术家、公众代表和政治家一起成立工作小组。这些小组中有许多成员是社会人士，而不仅仅是与工作相关的专业人士。

英国零售公司约翰·路易斯集团（John Lewis Group）是一家合

作社；每名员工都是共同所有人，分享年度利润。它的经营模式就像是个社区，员工都非常忠诚。公司会不遗余力地支持员工的兴趣爱好和子社区。

社区和团队文化（包括工作环境之中和之外）也认识到，我们置身于被脸书、维基解密（WikiLeaks）和推特包围的时代，最好是比他人率先说出真相。这对思维模式的培养大有好处。讲故事和彼此扶持是团队的核心宗旨，加入团队就是要懂得如何接受帮助、给予帮助和自助。加入团队，就是一种潜在的自助方式，因为这就相当于在说："我们并不孤单。"

行动指南

· 陪伴对我们每个人而言都非常重要，这也是团队的重要功能。

· 生存、安全、学习、分享和成长都是"社区"的一部分。

· 加入团队后，你就能有机会担任领导角色。

· 团队有能力取得比个体更大的成就。加入一个小组或社区，你就能建立为己所用的关系网。

28 别总想要快乐

直到快乐的那一刻已经过去，我们才意识到自己曾有多幸福。快乐等同于积极，但想要百分之百保持快乐是不可能的。所以，不必尝试这么做。

点石成金

最快乐的人不一定拥有最好的一切，但他们学会了充分利用所拥有的一切。没人能始终保持快乐；试图这么做，只会让这个人和他/她周围的人发疯。只有站在快乐的对立面——不快乐，或者最好是缺乏快乐时，才能真正体会到快乐和幸福。如果我们一味地苦苦追求快乐，当坏事发生时，结果只会是无力应对。当快乐成了“必需品”，就会变得十分危险。因为那样一来，公司就无法让员工始终保持乐观。无论我们说的是古老伊甸园的幸福，还是未来能在天堂、在北欧神话的英灵殿（Valhalla）、在伊斯兰教的天国（Jannah）或是在无忧星（Vaikuntha）的幸福承诺，对许多人来说，永恒的快乐和幸福都是一种神圣的奖赏。大多数人都有一种乐观的偏见，认为未来会比现在更美好。

美国权威工资收入调查机构 PayScale 的数据显示，截至本书撰写时，以福利待遇和包容性企业文化著称的脸书公司是美国企业中快乐员工人数最多的公司，97% 的员工表示对工作非常满意。位居第二的是软件公司“软件营销部队”（Salesforce. com），90% 的员工对工作非常满意。公用事业公司“南方电力公司”（Southern

Co.）以88%的快乐员工数量位居第三。但这并不意味着公司里到处都是百分之百永远快乐的人。幸福是一种高尚的境界。在经历快乐或不快乐之前，我们处于一种中立的状态。我们感受到的并非快乐或不快乐，而是满足。也许满足就是快乐。相比于快乐，也许我们更能经常获得满足。但是，因为快乐让人如此愉快，又经常以不同的形式表现出来，我们就会觉得快乐应该经常出现。但如果我们总试图追逐彩虹，思维模式就永远不会发展。

对于成长型思维模式的发展而言，有句话十分贴切："眼下不就很好吗?"过去和未来并不总是优于现在，但我们却坚持认为如此。我们为了达到一个目标而努力工作，并期待着实现目标所带来的快乐。然而，实现了目标，获得了短暂的欢愉之后，我们很快又会回到基线，开始追逐下一个目标。

对现状的不满和对未来的梦想让我们充满动力，而对过去的回忆则让我们相信，我们所苦苦追求的那种感觉是有可能的。拥有9万名员工的3M公司一直被视为是一家幸福的公司。公司提供大量的福利，但它的管理层却强调，他们这么做并非期望让员工感到超级快乐，而是想让他们对自己的工作感到超级舒适。像谷歌公司、超媒体公司（Supermedia）、优利公司（Unisys）、通用资本（GE Capital）、艾奕康公司（Aecom）这样的企业无疑也会赞同这一点。只有清楚自己不可能每时每刻、在方方面面都快乐，才能（或应该）推动我们享受此刻所拥有的幸福。

行动指南

· 不必觉得需要假装一切都很美好，导致无法去谈论自己的担忧和问题。

· 我们都承受着快乐的压力；外部声音总说，快乐是我们追求来的，悲伤是我们自找的。别理这个，这么想毫无意义。没有了生活中的悲伤和低谷，你也就永远欣赏不到积极的一面。

· 如果满足就让你很舒心，那么快乐只是锦上添花，而缺少快乐只会让你重新回到满足状态，而非不快乐。

29 对自己说“我们一定行”

我们说过，要避免使用“不行”二字，但你可以用“行”这个字。这是巴拉克·奥巴马在竞选连任时的主张，他也总是这么说。积极的态度会带来更多可能性。但前提是，你必须深信不疑。

点石成金

“Si se puede!（是的，我能行!）”许多人可能没有意识到，奥巴马在 2008 年的总统竞选口号，恰恰来源于恺撒·E. 查韦斯（César E. Chávez）创立和领导的美国/墨西哥农场工人运动（American/Mexican Farm Workers Movement）口号的西班牙语翻译。明智的领导者会推动团队去寻找能够实现某件事的唯一可行之路，而不是找出它无法实现的原因。“尚未”这个词更强大，因为它比说“不行”要好得多。这是要让自己知道，只要有决心和毅力，肯行动起来，就能把“不行”变成“行”。

我们必须习惯用“尚未”这个词。例如，要把思维模式的发展视为一个尚未完成的过程，而不是及格或不及格的分数。努力减肥的人可以说：“我尚未达到目标体重，但我已经减掉了 10 磅。”“尚未”二字意味着你在努力，你在成长的路上。成长型思维模式并不意味着要做最好的那个人，那可能没什么意义，但它意味着做最好的自己。反之，这也说明你在高举着“是的，我行”这面旗帜，怀揣着坚持不懈、逐步改进的信念努力向前。它改变了人们为某个目标做事的具体看法。目标也许并不能马上实现，但迟早能实现。

行动指南

·“我们一定行。”这句话阻止了反对之声。它能建立起积极的期望。它锻造出一个自信的团队，以及一个充满自信的你。

·无论何时，只要说出我行，我能做到，都是在强化头脑中的这一信息。

·在生活中，如果有件事你很想做，但觉得自己做不到，不妨想想：你认为最难的部分是什么？你这么想的真正原因是什么？

·有些事不想做也没关系。重要的是在内心里承认：如果想做，就可以做到。但是，如果真是这样，为什么不去做呢？

30 跟自己对话

大声跟自己对话可以培养自信，帮助你集中精力，下定决心。就像是有个教练陪伴，只不过教练也是你的一部分。

点石成金

2014 年，密歇根大学（The University of Michigan）的伊森·克罗斯（Ethan Kross）发表了一篇论文称，自言自语能让我们自我感觉更好，并能帮助我们应对挑战。他说，自言自语能激励我们去实现目标。为什么？因为我们会对问题的两面开展辩论。大声说出自己的选择，详细阐述问题的利弊，可以引导我们做出正确的选择；当这些想法说出来被自己听到时，我们可能会对这些想法所指引的方向感到惊讶。

自言自语会让人思想乐观，让我们远离消极的念头。网球明星安德烈·阿加西（Andre Agassi）说："我们会自言自语，自问自答。恐怕再没有其他体育项目的运动员会像网球运动员那样经常自言自语了。"自言自语可能看起来有点儿奇怪，因为我们通常会觉得大声对别人说话才是正常人，大声自言自语看起来则像是有精神疾病。然而，这么做并不是不理智的。

大声说出一个名字、一个词或一句话，是一种强有力的恢复手段，不仅能帮助我们表现得更好，还能通过这种反复的自我肯定，让我们变得更冷静理智，更合乎逻辑。有些人会大声阅读报告和电子邮件，以此获得一种辩论感和逻辑感。大声说话时，我们会明显比不大声说话时能刺激更多的感官。畅所欲言能帮助我们优先考虑那些影响我们的大事。

行动指南

· 对自己使用“你”这个代词。比如：“你今天会做一场精彩的演讲”，这比用“我”来说这句话更有效。

· 大声说：“你能办到。”

· 如果能大声列举出某件事的优点和缺点，会有助于我们做出正确的选择。

· 自言自语能帮你厘清思绪，因此，你的大脑不会一直狂转，也不会总想着什么时候才能有足够的时间把事做完。

· 自言自语能帮助你为生活中的困难时刻做好准备，比如，与爱人、同事或老板的对话。

· 自言自语能帮助你想出好点子。(在车里唱歌也是!)

· 一开始，大声用语言说出个人的行动计划可能会显得很尴尬(比如“你会停进这个停车位的”)，但大声表明意图能帮助你更有效地行动。

第四章

承担风险

31 承担可预期的风险

可预期的风险是指你已经通盘考虑过的风险，你已经计算过其中的利弊。成功人士不怕风险；他们会把风险看作一种能够产生积极结果的可能性，而不是危险。

点石成金

哈佛大学约翰·F. 肯尼迪政府学院（John F. Kennedy School of Government）的教授罗纳德·海菲茨（Ronald Heifetz）说，如果你一生中做过哪怕是一次真正的决定，这个数字就已经高过了大多数人。承担真正的风险？恐怕很少有人能真的做到。比尔·盖茨在共同创办微软公司的过程中，冒过很多风险，甚至从大学退了学。他的创业就基于这样一个愿景：个人电脑是一种有用的工具，必将进入所有的办公室和家庭。据说，甲骨文公司（Oracle）的拉里·埃里森（Larry Ellison）曾经向客户许诺过还未实现的功能；随后，他要求开发人员按照许诺的功能开发产品。他还雇用了不少不能胜任招聘职位的员工，用手册和书籍培训他们一步步到位。这究竟是可预期的风险还是疯狂的举动？

虽然“赌博”这个词经常和“冒险”二字互换使用，但说到这个词时往往并非字面上的意思。然而，对于联邦快递（FedEx）的首席执行官弗雷德·史密斯（Fred Smith）来说，“赌博”这个词用得再恰当不过。由于公司陷入困境，急需借钱来支付燃油费，史密斯真的在拉斯维加斯把公司剩下的5000美元押在了21点上。这是运气、技巧还是直觉？或是本来就是可预期的风险？不管是什么，史密斯那个周末回家时，兜里揣着 3.2 万美元。

对我们大多数人而言，冒险的好处有很多：可以帮助我们建立信心，发展技能，体验成就感，展示创造力，培养抗挫折的能力。一旦冒险，我们就会面对更多可能的结果；其中有些结果即使在可预期的风险中，我们恐怕也并不喜欢。承担风险会让我们面临潜在的损失、失败、尴尬、排斥以及批评。所有这些结果看上去都令人十分痛苦；然而，想成功，就需要承担某种风险。

愿意承担风险的人会得到各种各样的好处。他们会接触到新的经验、机会、想法和技能。但这并不意味着我们每天都要冒险——或者只是为了冒险而冒险，这样做是危险的。当我们决定更多地承担（预期中）的风险时，就是在突破心理障碍、克服恐惧的时候。

热布卡租车公司（Zipcar）和 GoLoco.org 网站的联合创始人罗宾·蔡斯（Robin Chase）说："总的来说，我乐于承担职业和创业方面的风险；不过，如果是将自己的身体置于险境，我会非常抗拒。"在进行了风险估算后，年仅 23 岁的蔡斯就被认定从坦桑尼亚非法进入肯尼亚（这会因此面临监禁或更糟的后果），比她在银行账户上只剩 78 美元时上线热布卡租车网站的风险还要大。

冒险的一大障碍或许是我们对确定性、对认可、对安全、对避免负罪感、对理性等诸多方面的追求；所有这些都阻碍了我们过上想要的生活。但我们不必每时每刻都小心谨慎。完美主义的习惯常常会阻止我们去做一些不同的事情，尽管那些事也许更好。当我们总是力求完美时，就会迷失在细节中，而细节会阻碍我们承担必要的风险，从而失去这些风险带来的机会。我们总是习惯追求万无一失的结果。但涉及风险时，并没有什么万无一失，这也正是风险所在。

行动指南

· 失败是发生在你身上最糟的事，也是最好的事。当你没有失败，说明你就成功了；当你失败的时候，你也成功地发现了一种做不成某件事的方法。如果不去冒失败的风险，你就不会成功。

· 没有任何结果是百分之百确定的，因此任何尝试都有可能失败。

· 生活中充满了风险——你必然会承担一些风险，规避另一些风险。这需要计算和权衡，看看什么可行、什么不可行。不断提升的思维模式会帮助你更好地计算、权衡。

· 谨慎行事可能是你的习惯。记住，习惯是根深蒂固的东西，以至于你经常意识不到它对你的选择、决定和行动所造成的影响。试着改变习惯，然后考虑冒些风险，以转换你的思维模式。

32 偶尔迷失——故意如此

一切经验的核心就是失去。我们总是尽其所能地避免失去。我们不想失去东西、失去人，我们不喜欢迷失。被困在不熟悉的环境中，不知道如何回到想去的地方，这是非常可怕的事，又或者是一种挑战。或者，兼而有之。

点石成金

我们经常认为丢东西和迷路不是好事。有时候，这两件事确实非常吓人。但偶尔迷失自我、丧失方向感也是件好事。当我们迷路的时候，我们的感官会增强。我们会变得更警觉、更清醒，反而更容易解决眼前的问题和困境。这种时候，我们必须暂时搁置其他事，直到解决这些问题为止。这就是一种专注的心态。

1963 年，尽管在途中耗光了氧气，W. 惠特克（W. Whittaker）还是成为第一个登上珠穆朗玛峰的美国人。这位探险家后来成为休闲设备公司（Recreational Equipment Inc.）的首席执行官。虽然没有人想在山上迷路，但惠特克却提倡，在防范好各种危险后，开发新的徒步路线。一旦迷路，我们就会进入敏感、包容、理解甚至是觉醒的状态。我们也许会慌张。我们会学会应对这些恐惧，通常也能学会控制这些恐惧。

理查德·布兰森就很喜欢偶尔“迷路”。最近，在接受《华尔街日报》（*The Wall Street Journal*）的采访时，布兰森说：“我最喜欢的交通方式是乘坐热气球。被风吹走，随风飘荡，多么优雅。”

他百分之百知道热气球会迷路，但仍认为这是积极的冒险，而不是消极的灾难。他做好了准备，这就是“迷路”之所以能够成功的关键。由于对热气球了解很少，布兰森接受了三年的训练。在全部有记录的飞行尝试中，他面对过灾难和死亡的威胁。当然，迷路并不一定非要这样。布兰森承认，他的热气球之旅帮助维珍集团成为全球性的品牌。但如果有人认为他做什么事都纯粹是为了满足好奇心和找乐子，而非企业家的冒险，他可不同意。

当我们迷路时，理性思考会变得很困难。这会成为培养我们解决问题的能力和主动性的练习。同时，时不时感觉自己是个局外人也很重要，这可以改变我们看待他人的角度和对待他人的方式，尤其是在我们偶尔处于少数派的时候。知道自己被别人盯着、被别人误解或者与众不同是什么滋味，会是一种深刻的体验。很多人日复一日地陷在这种体验中，而且永远无法逃离。

如果我们知道自己迷失了，并且知道如何从精神或身体层面受益，那迷失就不是一件坏事。我们说的这种迷失并不一定是前面惊涛骇浪、后面万丈深渊，左右都是饥饿的狼群。在《虎豹小霸王》（*Butch Cassidy and the Sundance Kid*）这部电影中有个很棒的场景：剧中两个主角的前面是一道峡谷，峡谷底部是湍急的河流，后面追上来一群人。他们是跳下去还是面对这群人？

大多数人都认为迷路是一件令人烦恼、沮丧甚至恐惧的事。我们会使用智能手机和 GPS 来避免迷路。这样就可以知道我们在哪里，要去哪里，以及如何前往和返回。但迷路也意味着我们处于一个临界点，一个即将发现自己长处的机会。

登山运动员艾莉森·李维（Alison Levine）是《边缘：高影响力的领导艺术》（*On the Edge: The Art of High - Impact Leadership*）一书的作者，她对于迷路的了解比大多数人都多。这位高盛集团

(Goldman Sachs）的前合伙人在得了一种罕见心脏病的情况下征服了各大洲的最高峰，甚至滑雪到了北极和南极。她知道如何依靠自己生存，这一点教会她如何在各种情况下取得成功。适应珠穆朗玛峰的稀薄空气虽然是一个漫长且令人沮丧的过程，但是是一个必要的过程。这意味着你必须先爬上再爬下，迂回后再爬上更高的一层。李维在书中写道："我们总认为向前走才是进步，但有时你必须向后走才能达到最终的目标。当你没有得到晋升或从事一份你认为是退步的工作时，不妨把它当作检验你技能的机会，休息一下，然后变得更强大。"她说，虽然我们总是奖励那些有着完美业绩记录的人，"但有时候，那些犯过错的人、被打得遍体鳞伤的人，以及敢于冒险的人，反而成就最大"。

丽贝卡·索尔尼特（Rebecca Solnit）的著作《迷失指南》（*A Field Guide To Getting Lost*）从不同方面讲述了一个人在迷失的过程中可以有哪些自我发现。无论是在野外迷路，还是作为移民在性、毒品和摇滚乐中迷失自我，这本书探讨了迷失为什么不可避免，以及它的代价和后果；这些代价和后果也许算不得人生能够承受的全部挑战，也算得上是大部分了。再想想杰克·凯鲁亚克（Jack Kerouac）的那本《在路上》（*On The Road*）：内心深处总有一种冲动，想把东西塞进包里，跳进汽车，毫无计划地去某个未知之地，相信这种冒险会帮助你找到自我，相信有些东西正在路边，等着你去发现。

行动指南

·卡尔·奥韦·克瑙斯高（Karl Ove Knausgard）在《我的奋斗》（*Min kamp*）第五卷中这样写道："去一个你一无所知的地方，看看会发生什么。"

·迷路并不一定会把你带到一个荒无人烟的地方。在城市里，你可以探索很多新的地方。在工作中，在大型的组织里，你也可以做同样的事。

· 在异国他乡或陌生的城市里迷路会让人担心。但是，与其把这看作灭顶之灾，不如把它当成一项磨炼技能、使自己更快成长的重要机会，你很可能会没事的。

· 迷路是一个机会，可以测试你解决问题的能力。你不仅要弄清楚如何回到正确的轨道上（你会弄清楚的），而且凭着自己的能力做成这件事以后，你就会获得成就感。

· 迷路往往会产生最美好的回忆和故事。

33 从错误中学习

我们必须勇于承认错误，并从中汲取教训。每个人都会犯错误，这是事实。如何管理和应对这些事将决定你的人格力量。反过来，这些经历也会加强你的人格力量。

点石成金

领导力专家西蒙·斯涅克（Simon Sinek）在 TED 演讲中做过一次题为“为什么好领导让你有安全感（*Why Good Leaders Make You Feel Safe*）”的演讲。他分析了安全感对员工的影响，并解释说，当人们感到安全时，往往更愿意利用自身的才能来支持他们的领导；而且在这种情况下负能量也会大大减少。但当员工缺乏安全感时，他们被迫花更多的精力来保护自己，这就会削弱组织力量。

微软在 1998 年推出 MSN 即时通信工具时，网站使用一个现有的搜索引擎“因特通（Inktomi）”来搜集结果。当时，盖茨的注意力似乎都集中在了浏览器上，这让谷歌异军突起，成为搜索引擎世界的老大。2009 年，微软推出了必应（Bing）搜索，但它再也无法达到谷歌的流行程度。我们能从中学到些什么？那就是千万不要忽视竞争对手。当然，微软虽然过去只是一家卖软件的公司，但现在也开始做硬件了，产品从 Xbox 到 Surface 平板电脑和手机，品种多样。现在，它和苹果公司一样，也是一家集软件编写、平板电脑和手机制造于一体的公司。微软的史蒂夫·鲍尔默（Steve Ballmer）曾经嘲笑过 iPhone。据传，他曾经说：“它（iPhone）对商业客户可没有吸引力，因为它没有键盘。”

2011 年，当罗纳德·约翰逊（Ronald Johnson）接手经营不善的彭尼百货（J. C. Penney）时，他受到了热烈的欢迎。很多人都想看看这位苹果公司的前零售主管会怎么做。不幸的是，随他而来的是一系列错误的判断，其中包括和该公司的长期广告代理解约，解雇很多经理，停止店面打折。2012 年，该公司的收入下降了 25%；2013 年，约翰逊被解雇。这件事说明，了解你的客户永远是最重要的事。如果我们能从约翰逊的例子中汲取教训，就可以避免反复犯错误。他最大的错误，或许是没有建立分组座谈，没有和他的客户群对话，没有保持沟通渠道畅通，先看看客户在重大改变前会做何反应，再做出决定。

2012 年，苹果发布了 iOS 6 地图，却漏洞百出：位置定位和卫星图像不准确，交通指示混乱，与第三方的导航软件连接虚弱。虽然在新软件发布时有些漏洞是正常的，但推出这样的应用程序还是让用户困惑不已，也让苹果公司的许多人感到面红耳赤，指责声冲着首席执行官库克而来。库克迅速分析出问题所在，并纠正了问题。

想弄明白发生在我们身上的事到底出了什么问题是有风险的，因为我们可能不想承认任何错误，所以我们也就不会去弄清楚问题所在。如果在我们的意识里，分析问题本身就是一种风险，我们就会避免分析。人们习惯于将不好的事归咎于运气，或者是归咎于他人。

并非所有的错误都是我们能掌控的。但是，当这些错误可以掌控时，我们就必须面对。改进思维模式的一部分内容就是应对生活中的压力。承认错误很重要。理查德·布兰森对维珍可乐（Virgin Cola）做出过错误的判断。它没有在全球热销。他写道：“至于亏损最多的业务，可能就是维珍可乐了。不过，它在孟加拉国仍然排名第一。”

1997 年，苹果公司濒临破产。史蒂夫·乔布斯重新出山，利用他在业界的人脉（尤其是比尔·盖茨）稳定了公司，业绩开始增长。音乐播放器 iPod① 最初的设想是让人们借此购买更多的苹果电脑，但它后来却变成了一条庞大的产品线。到了 2005 年，乔布斯意识到仅仅生产 iPod 是不够的：手机马上就能储存和 iPod 一样多的音乐了。因此，苹果公司制造了一款能做所有事情的手机，这完全拯救了苹果公司，而且远远不止。

黑莓手机（Blackberry）能获得成功只是因为 21 世纪初的那几年，iPhone 和安卓系统（Android）还没有出现。2012 年，黑莓公司的首席执行官托斯顿·海因斯（Thorsten Heins）需要在销量下滑中扭转公司的命运。他并没有追加投资，而是削减成本，精简了在前两任首席执行官领导下壮大起来的公司。他把整个公司的未来都寄托在黑莓 10 这款手机上。但这款手机上市较晚，性能也不如竞争对手。一个糟糕的计划和更糟糕的名声成了压垮斯托顿·海因斯执掌公司的最后一根稻草。

行动指南

· 在大多数家庭、组织和文化中，失败和过失是紧紧连在一起的。孩子们知道，承认失败意味着受到指责。我们都会做出糟糕的决定，我们都会犯错误，说得更好听一点儿，我们都会干不成一些事。我们需要从失败中学习。

· 我们很容易成为疏忽、粗心、错误的信息、误解、受操纵、一时冲动或者其他消极因素的受害者。想一想，为什么会这么做，

① 译者注：iPod 没有中文名称，故在前面增加修饰定语。

或者为什么会发生这样的事。

· 在“正式公开”行动前，先测试你的想法。

· 如果犯了错误，花点儿时间调整你的身体（具体而言，就是控制呼吸、眼泪和激动的情绪），然后想想发生了什么。也许是你的错，也许不是。做每件事都有后果，想好了再去决定如何回应。

· 原谅自己。

· 记住，过去的已经过去，无论事情多么糟糕，你都无法改变它们。

34 不能总相信第一印象

据说，我们往往会在见面后的头几秒钟就对他人做出判断。虽然，随着时间的推移，我们会改变看法，但我们确实会太快、太频繁地形成成见。当我们要做出决策时，武断的态度常常会成为阻碍，导致思维混乱不清。

点石成金

评判他人的能力与自我保护的本能有关。这种本能几乎能立即告诉我们，这个人是朋友还是敌人，是威胁还是盟友。在我们有时间做出反思之前，我们已经知道这个人是否有吸引力，外貌是否可以接受，是友好的还是敌对的。我们的观点是由这次见面所引起的情绪发展而来的。这个判断几乎是瞬间完成的。但我们能相信这些草率的判断吗？

心理学家、诺贝尔奖得主以及《思考，快与慢》（*Thinking, Fast and Slow*）一书的作者丹尼尔·卡尼曼（Daniel Kahneman）写道："研究发现，第一印象出人意料的正确。然而，第一印象并不完美，对某人过快做出判断可能会带来不好的结果。如果你的第一印象是错误的，你需要一段时间才能意识到这一点，因为人的期望往往会自我应验。当你期待一个特定的反应的时候，即使它没有出现，你也可能会觉得它出现了。"这就是为什么在做出这些判断的时候，我们不能让假设和成见占据主导地位。这一点很重要。要想拥有成长型思维，在这一点上务必要很清醒。

普林斯顿大学（Princeton University）的心理学家亚历克斯·托多罗夫（Alex Todorov）领导的一项研究显示，当我们看到一张新面孔时，大脑会在十分之一秒内就做出判断。他写道："……我们自然而然地相信第一印象，因为它们感觉很正确。我们经常犯错误，是因为这些印象和性格推断并不相符……但很明显，这种判断无法很好地预测一个人在不同时间和环境中的变化。"他认为，人们从来不会严格检验自己的直觉。他还认为，在数字世界中，我们受第一印象的误导越来越严重。他曾说过："同一个人的不同形象可以产生完全不同的印象。一个人可能在一张照片中看起来很有吸引力、很能干，而在另一张照片中看起来很傻、很笨。"

我们中的大多数甚至没有意识到自己经常对他人做出草率的评价。大自然赋予我们本能，用来帮助我们做出正确的选择并保护自己。但现实是，瞬间做出的决定往往是错误的。根据我们的假设来判断一个人很容易，但这基本上是僵化的思维模式，而非成长型思维模式。

行动指南

· 为什么第一印象对你而言很重要？因为你必须从这里开始。这是一个起点，但仅仅是一个起点而已。

· 我们习惯于快速地评价彼此。即使你面对的是相反的证据，也不愿意放弃对他人的第一印象。所以，你应该注意自己给别人留下了什么印象。

· 第一印象是你分析他人的出发点，但要保持开放的心态，因为你的第一印象可能并不正确。我们的认知偏见会扭曲我们的判断。

· 注意你对肤色、宗教、种族、教育、口音和背景的任何偏见与争议。无论如何，你都应该调整和重新审视你的观点。

35 充满激情地迎接未来的一切可能

对某些事情充满期待是很自然的。兴奋产生的肾上腺素会让我们充满热情，因此，寻找机会让自己兴奋是很正常的事。改变思维模式令人兴奋吗？应该会。它既令人兴奋又充满风险吗？当然如此。所有的改变都是有风险的，而且大部分都令人激动。

点石成金

新的可能性也许令人恐惧。沃伦·巴菲特写道："建立一个声誉需要20年，而毁掉它只需要5分钟。如果心里想着这句话，你的做法就会不一样。"巴菲特擅长分析企业的价值及潜力，包括面临的风险和可能的成长。他总是对那些知道坚持道德原则的重要性并拥有长期目标的人加以投资，寄予厚望。关于可能性，马克·库班（达拉斯小牛队的老板、2929娱乐公司的共同所有人、AXS电视台的主席）写过这样一段话："没有捷径可走。你必须努力工作，努力让自己处于这样一种境地：如果机会来了，你就能看到而且抓住它。"

思维模式的改变对你来说是充满希望的可能性，但并不是必然能实现的。拥抱这种不确定性很艰难。有时我们看到的只是一片怀疑的阴云。但是，换个角度看——当未来还未确定的时候，我们在当前或新培养出来的能力范围内变成任何人，做任何事。激情正是来自于此。激情会带来兴奋，兴奋会让你热血沸腾。

当我们设定目标的时候，并不觉得非要努力并为之奋斗不可。

直到真的开始工作——才发现这里有巨大的差距。雷诺日产公司（Renault－Nissan）的首席执行官卡洛斯·戈恩在里斯本的2017年网络峰会（2017 Web Summit）上对路透社表示：全球汽车司机每天花在开车上的平均时间比过去多了两个小时；而这多出来的两个小时将开启一个满是新技术可能性的全新世界。戈恩告诉路透社记者："最令人兴奋的技术是汽车联网和自动驾驶技术的结合。现在，汽车变成了一个移动空间，连接在网上。你可以在里面开视频会议、看电影，和你的孩子聊天或者咨询医生。"

再看看另一个领域。尽管"远程医疗（Telemedicine）"一词曾被认为是所有通过远程管理的医疗服务的统称，但在过去十年里，这个词已经被用来称呼无数的虚拟医疗服务、工具和公司了。远程医疗平台提供商MDLive的首席执行官斯科特·德克尔（Scott Decker）相信，从宏观角度看，远程医疗行业遇到的挑战和传统医疗行业相同，都是成本的限制和初级医疗服务提供商的匮乏。他说，从这里开始，远程医疗公司即将崛起，逐渐拓展人们对自身健康管理手段的认知。他相信，未来十年，远程医疗将在全球范围内呈指数级增长。

瑞波公司（Ripple）的首席执行官布拉德·加林豪斯（Brad Garlinghouse）推出了世界上第四值钱的加密货币XRP。这种货币现在价值近90亿美元。加密货币是一种数字资产，为了避免损失，它使用加密技术作为交换媒介，以确保交易安全。"电汇"这个术语可以追溯到19世纪。它建立在一个过时的系统上，但往来的金额仍然高得惊人。加林豪斯相信，加密货币会变得超级流行。XRP就是为了解决支付问题而创造出来的，更适合用在互联网上。它比目前的环球银行金融电信协会（SWIFT）系统更快、更准确。银行间用它转账，可以在数秒内完成结算，而不用等数天。这样做的成本很低，而且流程的可见性很高。今天，我们发起转账时，尽管希望对于正在发生的事情能够按照需要得到通知，但我们却没有交易的转账跟踪代码。因此，瑞波公司（还有其他公司）将他们的软件卖给银行，用来实时地、大规模地发送和接收数据。

谷歌公司的拉里·佩奇（Larry Page）曾发表过这样的评论："很多公司无法取得长期的成功。他们从根本上做错了什么呢？他们通常没有考虑未来。"这种商业思维就像是觉得车不用踩油门也能走一样，许多品牌陷入无用的商业行为中，最终因为自己的错误而失去了成长和创新的可能。

生活是一场曲折迂回的冒险。有些事我们知道，有些事我们不知道，有些事我们只能想象。当我们获得更深层次的能力，能够接受事物现在的样子时，我们对生活的激情就会展现出来。但这并不意味着我们要停止改变、停止计划、停止向更好的方向迈进。这只是意味着，人们很容易陷入对某个问题的担忧，或者想象出最坏的情景。记住，如果杯子是半空的，那么它同时也已经是半满的了。

行动指南

· 英国脱欧、去全球化、网络安全、机器的崛起等，这些事都有好的一面。你一定不能失去童心，失去对未来各种可能性的憧憬。为了不让自己失望，我们有时会降低期望，但这是消极的，不会提升我们的心态。寻找可能性，有些会成功，有些不会，但一定要寻找它们。

· 与其依靠别人获得精彩的生活，不如依靠自己。你是你所认识的唯一一个无论发生什么事都会在你身边的人。充满激情地迎接未来的所有可能性。你不能控制未来，但你有能力塑造它。

· 把你正在做的事或计划中的任何事都想象成一个成功的场景。你上一次是什么时候问过自己这个问题的："最好的情况会是什么呢?"

· 教会自己看到问题的另一面，看到另一种可能性，或者是另一种情形。

36 鼓起勇气

勇气是一种敢于面对恐惧，敢于尝试与众不同之事或令人生畏之事的能力。它通常需要我们走出舒适区，而恐惧总是阻止我们走出去。勇气是实现变革和获得成长型思维的重要一环。

点石成金

每个人都希望拥有勇气，这是一种受人尊敬的优秀品质。全球文化中到处可见为了顾全大局而勇于牺牲自我的故事。勇气不仅仅指身体上的勇敢。像马丁·路德·金（Martin Luther King）这样的社会活动家就充满了勇气。那些为了追逐梦想而承担金融风险的成功企业家，则证明了勇气也可以带来收益。

软件咨询公司思特沃克（ThoughtWorks）发布报告称，顶尖的商业领袖都有一种管理其商业组织的方法，这种方法可以称为“勇气”。这份名为《下一次大崩盘：勇敢的高管们》（*The Next Big Disruption：Courage Executives*）的报告指出了国际领袖人物的一个特点：在被调查的500强高管中，87%的人认为，要实现目标并保持强大的竞争力，勇气是必要的。

勇气不等于信心。信心是一种感觉或者信念，认为我们可以信任某个人或某件事。勇气则是能做那些往往令我们产生畏惧心理之事的能力，它是逆境中的力量。

信心和勇气并不是凭空变出来的，它们都是可以培养出来的。他人可以帮助我们培养勇气，或者树立信心，但真正去做的只能是自己。勇气是我们面对合理的恐惧时采取行动的能力，只有通过努力才能获得。因此，如果勇气是培养出来的，那么还有一件事也是事实：背负着压抑和恐惧行动，并不意味着这个人永远是懦夫。在紧要关头，史蒂夫·乔布斯不是懦夫。他推出了完全不同于现有任何东西的产品、服务和整个商业模式。他蔑视市场检验（因此对自己的计划保密），他也不能确定自己是否会成功——他冒的是一旦失败，就要遭受巨大损失和被世界嘲笑的风险。

在动荡时期，勇敢的经理人仍然会不断投资，创造价值。即使在大萧条时期，杜邦公司（DuPont）也保持着研发支出，发明了尼龙、氯丁橡胶和其他众多产品。这些产品在之后的几十年里为公司赚了数十亿美元。“可我一直就是这么做的”，人们这么说只是为他们厌恶改变而做出的辩护。无论是什么，一直这么做可能都不再是做此事的上策了。有时候，我们能采取的最勇敢的行动就是暂时停止，总结经验教训，然后继续前进。无论勇气是意味着站出来、说出来还是承担错误，拥有勇气都不能保证成功。它可能只是个前奏。发现真正的自己，并坚持自己的信念，都需要勇气。我们从小就被灌输应该成为什么样的人，生活应该朝哪个方向努力。改变信念，按照自己的方式和生活，用不同的方式做事情，可能会令人恐惧，但这就是成长型思维包含的内容。

行动指南

- 失去勇气，你就不能有所作为；失去信心，你就无法实现梦想。
- 并不一定要成为英雄才能表现出勇气。我们日常的勇气来自敢于直面每周可能遭遇的挣扎和各种不确定。
- 当你展现勇气时，你就是在承担某种风险；并且明白，只要是风险，就可能带来问题。这就是“风险”的本质。
- 展示勇气并不意味着你会战无不胜。在表现出勇气的同时，仍然自我怀疑是很常见的事。

37 不要害怕失败

马克·扎克伯格曾这样写道："最大的风险就是不冒任何风险……在瞬息万变的世界里，唯一注定失败的策略就是不去冒险。"我们通常总是把冒险看作负面的事情，害怕失败；总是认为风险或机会都是危险的，甚至是愚蠢的。然而，尽管有些风险注定没有回报，但重要的是记住，有些风险能够带来回报。冒险就有可能失败，但不应该因此害怕；那是回避风险的做法。多宝箱公司的首席执行官德鲁·休斯敦说过："不要担心失败。你只需要做对一次就够了。"

点石成金

苹果公司的蒂姆·库克说过："我们每天都在改变。当史蒂夫在的时候，我们每天都在改变。他不在这里以后，我们每天依然在改变。我们不害怕改变。我们的初心和当时的价值观一直未变，和 1998 年、2005 年、2010 年一样。我认为价值观不应该改变，但其他的一切都可以改变。"你也许会认为，这么说说当然容易，但这些原则对我们每个人都适用。

诺华公司（Novartis）的董事长丹尼尔·魏思乐（Daniel Vasella）和制药行业的所有高管一样都深知，在药物研发的过程中，充满了行不通的想法和带不来任何成果的进展。魏思乐说："在研发工作中，我们会在研发初期就失去 90% 的产品。在接下来的 7 ~ 10 年里，我们仍然会损失 30% 的产品。我们成功的次数比失败的次数少，这是无可避免的。”然而，如果没有这些失败，就不可能有新的发现。我必须在此重申，你可能觉得大企业这么说说当然容易，但这些原则对我们每个人都适用。

对失败和未知的恐惧是很常见的，但我们不能把它们当作借口或者理由。所有恐惧都可能让我们停止行动，或者畏缩不前。恐惧使你陷入无助，不能自拔。我们必须把风险看作成功的机会，而不是通往失败的道路。托马斯·爱迪生（Thomas Edison）说过：“我从未失败。我只是成功地发现了一万种行不通的方法。”

成功不是天上掉下来的馅儿饼，必须努力争取。《赫芬顿邮报》的创始人阿里安娜·赫芬顿认为，对失败的恐惧是成功道路上的绊脚石。她说：“我们女性更倾向于规避风险。因为无论什么时候推出一款产品，都有很大的可能性不会成功。我们在对待失败的态度上，有很大的问题……失败不是成功的终点，而是成功的开始；失败不是成功的对立面，而是成功的垫脚石。”特立独行会让我们感到不适，因为我们不知道这么做是否会成功。但在结果未定或者缺少保证的情况下做出决定，是实现变革的唯一途径。

行动指南

·为了避免失败，无休止地准备，无休止地开会，反复研究数据，推演无数应对策略……制订计划是好事，但你必须按下启动按钮，真正去“做”才行。

·唯一、真正的失败是不去经历失败。如果你没有经历过几次失败，你就无法真正地拓展自己。

·必须直面失败，不能回避，要分析它。这样它就不可怕了。

·作家兼音乐家伊洛伊丝·里斯塔德（Eloise Ristad）写道：“一旦我们允许自己失败，我们同时也就允许自己出类拔萃。”这真是很好的建议！

38 不确定性是好事

大多数人对于不确定性感到很不舒服。不确定性和神秘感是生命的活力，不要让它们吓坏了你。具有成长型思维的人，非但不会被它们吓倒，反而会激发出创造力和积极性。

点石成金

我们在商业、政治、领导力、道德和经济领域做出的许多关键假设都会不断遭到质疑。艾登·麦科勒姆管理咨询公司（Eden Mc-Callum）的创始合伙人黎安·艾登（Liann Eden）曾发表过这样的评论："管理的不确定性只是一种新常态。如今，我们总是关注英国脱欧和特朗普，但在此之前，很多企业担心的是利率以及收入成本的变化。"

把握住不确定性，既能为失败做好准备，也能争取最佳的结果。对付不确定性的行家里手们从不怕承认他们可能会犯错——他们会在采取行动之前制订应急计划。成功人士都知道，他们并不总能做出正确的决定。最近，安永会计师事务所（Ernst & Young）做的一项调查显示，90%的商界领袖都将不确定性视为成长的机遇。

管理专家彼得·德鲁克（Peter Drucker）说："企业家总是寻求改变，对改变迅速响应，并将其视为机会加以利用。"如果我们只待在已知的保险箱中，我们永远也不会成长。不确定性并不是向我们开枪的敌人，而是推动我们前进的盟友。失败的经验总好过没有经验。亨利·福特说过："失败只不过是重新开始的机会，而且这一次还有了更多的经验。”埃隆·马斯克也写道：“企业会面对两种需求：响应快速的短期目标和深思熟虑的长期战略。必须学会在二者之间取得平衡。”

不确定性可能意味着很多事：恐惧、不安，自信心建设和自我赋能。它会引发多种结果。这种不确定的过程就叫作生活。如果我们一直都知道将要发生什么，只会感到无聊。当然，在许多领域和某些恐怖情形下，我们是不欢迎不确定性的。纽约市市长比尔·白思豪（Bill de Blasio）最近表示，在1月的暴风雪来临之前，纽约市肯定会经历“该市历史上最大的暴风雪”。预计的降雪量是20～75厘米①，但白思豪只关心最坏的情况，而不管其他的可能性。在降雪前的几个小时里，人们都在焦急地等待。学校、商店、道路和地铁都关闭了，可迎来的却是一场正常的冬季降雪。传说中的暴风雪并没有发生。所以，纽约市的领导人伤害了灾难预警的公信力，纽约人可能会更怀疑未来的预警。现在的困境：犯过分小心的错误好，还是犯疏忽大意的错误好？如果我们喊“狼来了”，人们最终会无动于衷吗？

古代波利尼西亚人（Polynesians）在未知的大海上航行了几千年，经受过各种考验。他们勇敢地面对海上风暴、飓风、潮汐和危险的鱼类。在没有任何仪器可使用的情况下，他们对周围的环境非常敏感，并对海洋和天气有着高度敏锐的直觉。领导团队进入未知领域时，需要建立团队的韧性，并在有限的信息下做出艰难的选择。温斯顿·丘吉尔的领导风格很大程度上源于他面对目标时获得的灵感。他领导了一段充满变数的动荡时期。人们很害怕，但他的鼓舞之词激励了民众。对于丘吉尔而言，未知的事情不会让他优柔

---

① 译者注：原文是30～8英寸，换算成了公制。

寡断。他的领导力并非完美无缺，但他有勇气在信息不完全的情况下做出决定。

迈克尔·布鲁克斯（Michael Brooks）在《不确定性的边缘：11 件让科学界大吃一惊的发现》（*At the Edge of Uncertainty*：*11 Discoveries Taking Science by Surprise*）一书中写道："不确定性的边缘不是一条静止的线，而是一组动态的、不断变化的答案。即使暴露了我们的无知，但除了挑战我们的知识和我们存在的边界，人类还有什么其他的行为可做呢?"

只要抱有希望，我们就有可能失望。我们可以在一定程度上规划我们的未来，但我们无法控制结果。如果总是抱着最坏的打算，你可能会因为太消极而看不到甚至抓不住机会；如果你抱着最好的打算，持有积极的心态，那么你很可能会为你认为可能发生的事情做好准备。

行动指南

· 不要害怕不确定性。不确定性根本上是生活的一部分。但有时，生活会变得非常不确定，从而带我们进入完全未知的领域，比如冰河时代、黑死病大瘟疫、世界大战、灾难、其他战事、金融崩盘、天气灾害等。

· 不确定性是正常的。为了快速适应，我们必须学会波利尼西亚人在未知水域中航行的能力。

· 如果你认为你已经为自己创造了一个可控的、可预测的生活，那只是一种幻觉，没有什么是一成不变的。

· 当我们面对不确定性的时候，我们的大脑会促使我们反应过度。成功人士能够克服大脑的这一机制，将思维转移到理性的方向上去。

· 当不确定性使你左右为难的时候，很容易觉得一切都是不确定的；但实际上这种情况很少发生。

39 跳出思维定式

跳出思维定式意味着你要把所有的经验和看法抛诸脑后，从一个完全不同的角度看待事物——不加过滤、不带偏见，心态开放。思维定式代表了传统成见，这些假设限制了我们的创造力和发现新道路的能力。

点石成金

当然，有些假设是必要的。如果不假设信号灯会变绿，我们这一天就没法过了；又或者，我们得假设坐下时椅子能托住我们。但是，当假设变得僵化（或者说，像个封闭的盒子）的时候，就会阻止我们发现新的可能性，或者从新的视角看问题。只有在心态积极、思想开放的时候，我们才能跳出思维定式。跳出思维定式意味着我们不再坚持老套的观点。这听起来很简单，但人们确实会一味地坚持固定的观点，即使知道自己错了还会固执己见——这也同样是个需要抛弃的坏毛病。

跳出思维定式不仅是商业上的老生常谈，它还意味着以新的、创造性的方式处理问题，以不同的方法提炼问题，以一种我们从未想过的方式理解我们与周围各方面的关系。曾有一段时间，摩托罗拉刀锋手机（Motorola Razr）被认为是一款超级手机。它的主要特点是薄。如果我们沿着这条路走下去，我们的手机就会像纸一样薄，但它的功能就只剩下打电话了。后来，苹果公司跳出了这个思维定式。爱彼迎公司在主流市场上一直没能取得成功；后来，他们发布了一段营销视频，回答了业务运转方面的问题，让潜在客户放心了，这才取得了成功。亚马逊关注消费者的行为是公司最著名的策略之一。公司的首席执行官杰夫·贝佐斯认为，经常性地打破常规思维定式很重要。很多人都知道，他总在会议室里留一把空椅子，这代表客户。正如他所说的那样，“留给这个房间里最重要的人”。

伽利略的事迹也是一个很好的例子。当时，大家把太阳绕着地球转看作“事实”，是一种普遍的信念，他却提出了质疑。他不仅不接受未经质疑的“事实”，而且知道质疑这些事情的后果是什么。

行动指南

• 时不时和那些与你的世界完全没有交集的人接触。他们会让你从新的角度看待问题。

• 真正的创造力通常是把两个已有的想法结合起来，形成一个新的想法。史蒂夫·乔布斯说过：“创造力就是将事物联系到一起。”

• 问问小孩子，他/她会如何解决这个问题。并不是说一定要按孩子的方法去做，而是让自己的思路尝试一条非传统的路径。

• 如果不去尝试，你永远也找不到解决方法。

• 去了解其他行业的做法。你可能会发现，其他行业的人面临的问题与你面临的问题很相似，但他们处理问题的方法却和你截然不同。

40 远离负能量的人

到处都有负能量的人——各行各业，无处不在。他们扮演着受害者、恶霸、完美主义者或者殉道者。他们还可能是精神病患者。他们对任何健康的成长型思维都有着巨大的破坏性影响。

点石成金

德国弗里德里希·席勒大学（Friedrich Schiller University）生物与临床心理学系最近的一项研究发现，接触引起强烈负面情绪的刺激物——和我们接触负能量的人时受到的刺激一样，会导致受试者产生巨大的应激反应。负能量的人（大多数是精神病患者或是反社会者）会造成巨大的伤害，这种伤害有时是永久性的。

领导力学者吉恩·李普曼—布卢门（Jean Lipman – Blumen）描述具有负能量的领导者时，说他们“具有破坏性行为和功能失调的品格，会对被领导者产生严重而持久的负面影响”。负能量的人通常会在生活中制造戏剧性事件，操纵他人，利用他人来满足自己的需求，对任何人和任何事都吹毛求疵，嫉妒、哀叹自己的不幸和他人的好运，而且很暴力。我们看看名单上都有哪些人？美国泰科公司（Tyco）的首席执行官丹尼斯·科兹洛夫斯基（Dennis Kozlowski）因大规模舞弊案被送进监狱；安然公司董事长杰弗里·斯基林（Jeffrey Skilling）被判处 24 年监禁；同样是安然公司的肯尼斯·莱（Kenneth Lay）、高盛公司董事长罗伯特·麦克斯韦（Robert Maxwell）、星佳公司（Zynga）首席执行官马克·平卡斯（Mark Pincus)、电影制片人斯科特·鲁丁（Scott Rudin）、音乐电视创始人和清晰频道公司（Clear Channel）首席执行官罗伯特·皮特曼（Robert Pittman）——你可以继续补充这个名单。能够汲取别人能量的人通常看起来很有魅力，他们会控制并且经常带着一帮小喽啰——但他们并不都是名人。他们无处不在，各行各业里都有。

哥斯达黎加富兰克林·柯维公司（Franklin Covey）的主管米格尔·洛佩兹（Miguel Lopez）表示，高层管理者必须优先清除这些有害的人，迅速控制局面，但很多时候我们做不到这一点。那些反社会者都是表现出色的超级明星，他们会利用个人魅力迎合那些重要的人。但是，一旦他们瞄准了某个要中伤的目标，他们就会不依不饶，绝不善罢甘休，毫无同情心可言。

密歇根州州长里克·斯奈德（Rick Snyder）和他的团队试图节省成本，结果导致贫困的弗林特市（Flint）供水系统铅含量超标。这被认为是引发疾病和脑损伤的原因，特别是那些儿童患者，受害更深。这一事件引发了全美上下的愤怒。在国会听证时，斯奈德称这是他一生中最令人羞辱的经历——然后，他开始试图推卸责任。他称这是“政府的失误”，并抨击美国环境保护署（Environmental Protection Agency）在水的含铅量上制定的“愚蠢而危险”的规定。还有另一个例子。大众汽车公司（Volkswagen）的首席执行官马丁·文德恩（Martin Winterkorn）在位期间，公司遭遇了灾难性的丑闻。大众公司的工程师在大约1100万辆柴油车上安装了操纵排放的软件。文德恩声称毫不知情。批评人士对此表示怀疑，因为他速来以微观管理而闻名。此外，该公司也承认，曾向他发出过可能存在不当行为的警告。

行动指南

• 远离负能量的人。

· 寻求帮助和支持。你可以读一读西蒙·迈尔著的《邪恶的管理者》(*The Evil Executive*)。

· 把错误推到别人身上很容易，但凡事都有两面性。你是否助长过这种负面行为？你是否被拉进了情绪低落的旋涡？积极一点儿，远离这个人的影响。

· 你很可能无法改变这个人，所以最好把注意力放在你能控制的事情上，这可能意味着你要离开。

· 负能量的人在任何情况下都能像野火一样传播各种负面因素。你越是积极，他们就越负面。

第五章

善待自己

41 提醒自己，你有多幸福

人们常常忘记他们所拥有的，总是苦苦追寻他们没有的一切。这种寻找让人疲惫不堪，因为他们寻找的东西根本触不可及。虽然在生活中，设定目标对一个人的成长至关重要，但时时提醒自己已经拥有了什么，保持内心的平静也同样重要。

点石成金

乌拉圭前总统何塞·“佩佩”·穆希卡（Jose“Pepe”Mujica）被称为世界上最穷的总统。穆希卡在20世纪60~70年代曾经是图帕马洛斯（Tupamaros）游击队队员。他多次中弹，并在监狱中度过了14年。2009年，他当选乌拉圭总统后，把总统工资的90%捐给了慈善机构，并拒绝入驻总统府，而是住在了他简陋的农场里。他经常说，他对自己拥有的东西心存感激，对自己本可以得到的东西不感兴趣。

有些人总是盼着、等着一个更好的未来。如果等不来，就会时时为过去悔恨。他们都期待能更快乐一些。我们应该感谢的是现在。当然，你可以列出所有你没有的东西。或者，你可以把这些东西都作为你的目标。

在电影《生活多美好》（*It's a Wonderful Life*）① 中，乔治·贝利（George Bailey）在看到了一个缺少了自己的世界后，才感悟到

① 译者注：《生活多美好》是1946年上映的美国电影。

他生命中所有的奇迹。尽管我们大多数人并都不是通过错过了坠毁的航班或是有天使协助，才看到了生活的美好，但我们见过发生在身边的事故，并且意识到那本来也可能会发生在自己身上；或者听说某人被诊断患了某种疾病，一时间不禁庆幸自己身体健康。即使是些微不足道的小事，比如以为忘了带钥匙，却发现钥匙在另一个口袋里，也能让我们感到真正的宽慰和感激。

全球投资银行杰富瑞集团（Jefferies Group）的首席执行官里奇·汉德勒（Rich Handler）和董事长布莱恩·弗里德曼（Brian Friedman）给员工写过一封公开信，表达了他们在2016年要感谢的事情。有趣的是，信里的语气满是感激："感恩季开始了。在这个季节里，我们要提醒自己，我们有多幸福。我们要感谢生活中一切值得感谢的地方。"两位主管特别感谢了"言论自由、对幸福的追求、权力制衡以及管理层的顺利交接"。他们的信中包含了所有现在应该感谢的事情。

癌症慈善机构"亮粉色"（Bright Pink）的创始人林赛·阿夫纳（Lindsay Avner）写道："……当我每天都有机会醒来，我更深刻地了解这份工作的意义。我很感激从事疾病预防和早期发现领域里的工作，使我有机会帮助年轻女性了解自己罹患乳腺癌和卵巢癌的风险，并为此做些事情；我很感激我们通过教育、帮助、预防和早期检测挽救了无数生命。"

Grokker网站的创始人兼首席执行官洛娜·伯伦斯坦（Lorna Borenstein）写道："每一天，不管多么难换、多么努力，都能找到些小乐趣：微笑的服务生递给你一杯咖啡；有同事在会议上肯定了你的努力；你的兄弟发给你了一个有趣的表情包……这些都是快乐的小珠子，你可以把它们串在一起。事实上，快乐对健康生活的重要性不亚于锻炼和良好的营养，它是灵魂的燃料……所以，不妨在你的工位上放一张亮黄色的便利贴，上面写着'你今天感谢了什么？’尽可能多地回答。”

有时，我们会把很多事看作理所当然。尽管是我们自己选择了某种忙碌（因此可能有压力）的生活方式，但讽刺的是，我们仍经常抱怨生活是多么紧张和无聊。抱怨是丧失“勇气”的象征，因为我们会因此忽视美好的事物；直到它们离我们而去，我们才注意到那些美好。

行动指南

- 提醒自己：你独一无二，出类拔萃。不要认为自己默默无闻，没有什么价值。记住，你可能已经实现了（并且已经拥有了）很多成就。
- 要细数你的幸福，而非你的烦恼。
- 我们总是太忙，事情太多。但有时你必须停下来，微笑地看着生活中拥有的一切。
- 承认生活是不完美的。这样，当艰难时刻来临的时候，你就不会觉得太意外。
- 没有什么比焦虑更浪费精力的了。我们都会焦虑，但焦虑完全是在浪费精力。
- 花点儿时间闻闻花香。

42 花点儿时间思考

为了成长，你必须思考，翻来覆去地思考。花点儿时间看看你的周围，看看到底发生了什么。全神贯注地观察，想想你看到了什么。然后，认真思考。

点石成金

2011 年，杰克·多西（Jack Dorsey）把全部精力投入推特公司和 Square 公司的运营中。他说，为了能把每件事做好，他会为每天设定一个主题。这样，一旦有事分心，解决之后他还能回忆起当天的工作并重新集中注意力。每周六，他会休息一天去远足，周日则集中精力反思、回馈、制定策略，为接下来的一周做好准备，但主要是要进行深入的思考。

与其看电视里的真人秀，不如探索发生在我们周围世界里的现实情况——那些未经研究，甚至已经被研究过的现实情况。即使重新审视我们熟悉的事物也能带来新的理解。这并不像听起来的那么不切实际。真正的观察和思考可以让我们的感官更敏锐。让我们放慢脚步，思考生活中什么是重要的，什么是不那么重要的。它能够帮助我们区分问题。

网飞公司（Netflix）的首席执行官里德·哈斯廷斯（Reed Hastings）表示，他每年会休假 6 周，因为这对平衡工作和生活很重要。他还说："这很有帮助！当你去爬山或者做其他事的时候，你的思维往往是最活跃的。对某些事情，你还会产生不同的视角。"理查德·布兰森写道："专心娱乐并不仅仅是在休息和恢复精力。当你度假的时候，你的日常生活被打乱了。你去的地方和你新结识的朋友会从意想不到的地方给你启发。身为一名企业家或是业界领袖，如果从未怀揣着改变现状的新点子的度假中返回，那么是时候做出一些改变了。”

举个例子，美国在线（AOL）的首席执行官蒂姆·阿姆斯特朗（Tim Armstrong）要求高管们每天花10%的时间或者每周花4小时来思考。领英公司（LinkedIn）的首席执行官杰夫·韦纳（Jeff Weiner）每天安排两小时不受打扰的思考时间。杰克·多西经常边散步边思考。比尔·盖茨每年会休假两次，每次为期一周，就是为了不受干扰地深入思考。

我们如何看待自己与世界的关系，影响着我们的行为和理念。心理学中的各种动态因素包括认知、感知、学习、情感、态度和关系，这些都会左右我们如何看待自己与周围环境的关系。“环境”这个词也可以指任何地方——家，离家很远的地方，新的地方，旧的地方，度假的地方，这些都是“环境”。

行动指南

- 花点儿时间静下来思考。
- 花点儿时间记日记，帮助思考。
- 不要因为你去公园散步或者喝咖啡的时候，别人却在办公室工作而感到内疚。
- 逛逛博物馆或者画廊，真正了解你看到了什么。这其中的经验法则是每次钻研一点儿，了解一点儿。真正理解这些画作里的一些事情，它们背后的故事和那些艺术家们。
- 争取缩短会议时间，减少一周的待办事项。

43 多好的一天啊，适合做白日梦

总有人教导我们，当我们心不在焉、胡思乱想的时候，应该感到愧疚。这不是我们应该培养的技能。然而，无论以什么为生，我们都会碰到从未遇到过的问题，我们都要找到解决的办法。做白日梦对你有好处。当我们做白日梦的时候，我们会沉浸在自发产生的意识流中，我们可以沉浸在自己的思想里做任何事，去任何地方。

点石成金

做白日梦可以帮助你保持积极的态度，建立乐观向上的精神。做白日梦可以让你暂时逃离外部世界，直面自己的恐惧，放松心情，然后慢慢探索自己的想法。尽管这些喜欢沉湎于自己精神世界的人往往被贴上“梦想家”“懒汉”“无所事事”或者“注意力不集中”等负面标签，但事实并非如此。我们生活在一个以消费为基础，崇尚生产力和效率的世界里。鉴于此，把做白日梦看作一种消极行为，是一种懒惰的习惯，浪费时间，分散注意力，这一点都不奇怪。西格蒙德·弗洛伊德（Sigmund Freud）甚至宣称，做白日梦是精神疾病的一种表现，是一种神经质的、幼稚的倾向，是那些壮志未酬的人放纵自己的方式。

爱因斯坦因为反对死记硬背而被学校开除。他研究相对论正是始于他做白日梦的时候，幻想自己随着一束光奔向宇宙的边缘。牛顿做白日梦的时候看到一个苹果从树上掉下来，于是发展出他的引力理论。保罗·麦卡特尼爵士（Sir Paul McCartney）也承认，披头士乐队（the Beatles）的一些最受欢迎的作品真的是“做梦”想出来的。

做白日梦（在精神上让自己与当下拉开距离）和关注现实（让自己沉浸在当下）都有助于形成健康的心态——我们在这两方面做得越好，就越能过滤掉干扰。我们的世界基本上是自动运行的，我们经常被外部干扰淹没，所以做白日梦的能力很重要。如今，我们很容易用手机打发空闲时间，这其实阻止了天马行空般的胡思乱想。

华盛顿大学（Washington University）的神经学家马库斯·E.莱切尔（Marcus E. Raichle）认为：“当你不使用肌肉的时候，肌肉实际上也没做任何事……但当你假设并没有在使用大脑的时候，它却在做大量的事。当我们处于所谓‘正在休息’的状态时，大脑却根本没有休息。”20 世纪 50 年代，沃尔沃公司（Volvo）总裁甘纳尔·恩格尔劳（Gunnar Engellau）聘请了工程师尼尔斯·鲍林（Nils Bohlin）研究如何让汽车更安全——不仅是他们的汽车，还要让所有的汽车更安全。鲍林意识到，需要一种能够同时吸收胸部和腰部力量的装置，于是开发出所有汽车都能使用的三点式安全带。他是在散步时想到这个主意的。

做白日梦与创造力有关——当我们做白日梦的时候，也是我们最具创造力的时候。这也是一种逃避，让我们能借此思考风险以及各种可能的情景。

行动指南

· 白日梦揭示欲望，欲望变成意图，意图变成计划，计划会瞄准目标。

· 白日梦为你的创造力提供源泉，伟大的想法就在其中孕育。几乎所有的雄心壮志都是从白日梦开始的。

·你的身体无法离开当下，但你的思想可以在任何时候跳到过去或是未来。

·做白日梦有学习的功能。当你做白日梦时，想起已经发生的事，你会重新回顾它们，并考虑其他的选择。

·做白日梦能帮助我们预演。

44 真正地倾听

国际听力协会（International Listening Association）的数据显示，我们听到的内容中，大约只有50%在听到后会立即存储在大脑中，再之后只有20%会真的记得。倾听对我们的成长和学习至关重要。

点石成金

丘吉尔曾说过："站起来说话需要勇气，坐下来倾听也需要勇气。"拉尔夫·G. 尼科尔斯（Ralph G. Nichols）是《你在听吗》（*Are You Listening*）一书的作者。他写道："人类最基本的需求就是理解他人和被他人理解。而理解一个人最好的方法就是听他们说了些什么。"在当今高速发展的世界里，沟通比以往任何时候都更重要，但我们真正花在彼此倾听上的时间却越来越少。

真正的倾听变得非常罕见，但事实本不该如此。倾听可以建立双方的关系并确保相互理解。仔细倾听意味着犯错更少，能更好地解决问题，浪费更少的时间。倾听是一个主动的过程。我们以此来理解、评估和回应我们听到的内容。我们会走近真正听我们讲话的人，因为我们喜欢被倾听。

2012年，安进公司（Amgen）的首席执行官凯文·沙雷尔（Kevin Sharer）在接受麦肯锡公司（McKinsey）的采访时说："在我职业生涯的大部分时间里，几乎从哪个角度来看我恐怕都是个糟糕的听众……我听过的关于倾听的最好建议来自萨缪尔·帕拉米萨诺（Sam Palmisano）——这个建议明显地改变了我的做法。当时，他正跟我们的领导团队座谈。有人问他，为什么在日本的工作经历对他的领导力发展如此重要？他说，‘因为我学会了倾听。’我想，‘这太神奇了。’他还说，‘我学会倾听只有一个目的：理解。’……当然，为了理解而倾听能够帮助你获得信息，但还不止于此，这同时是你能给予别人的最大尊重。”

我们大多数人都不善于倾听。或者说，即便我们真的表现出努力在听，也往往是想等别人说完后说出自己的想法。这不是真正的倾听。长此以往的结果是我们听不进别人说的话，也从不把别人告诉我们的事放在心上。再后来，我们理解不了别人在担心什么，因为我们根本没有听。我们都想被他人倾听，渴望他人把我们的话听进去。在《不要为小事烦恼》（*Don't Sweat the Small Stuff*）一书中，心理治疗师理查德·卡尔森（Richard Carlson）为我们描述了这样的情境：“我们经常把交流当作一场比赛。我们的目标就好像要在对方结束谈话和我们开始自己的谈话之间不留任何空隙。认真想想，你会发现这需要耗费相当大的精力。你会紧张地坐在座位边缘，努力猜测面前（或者电话里）的人会说什么，以便能快速做出回应。但是，如果你捺着性子等对方说完，同时更专注地听他在说什么，你会发现那股压力消失了。”

显然，倾听并不局限于语言。听音乐可以提升我们的情绪，提高我们的业绩。无论是演奏音乐还是听音乐，音乐都能提升我们的幸福感（以及周围人的幸福感）。音乐还能振奋精神。当我们听音乐的时候，负责控制血压和心跳的自主神经系统，以及负责感觉和情绪的边缘系统都会受到影响。运动时听音乐有助于我们释放内啡肽，增强耐力，振奋情绪，分散注意力。而听广播、电影里的对白、电视节目或者戏剧中的对话则需要集中注意力。专注是成长型思维的关键因素，真正的倾听有助于清醒和专注。

行动指南

· 真正的倾听可以使说话者和倾听者彼此产生尊重和信任。员工（或者合伙人）如果觉得你在认真倾听，会对经理（或合伙人）做出更好的回应。

· 在大多数文化中，眼神交流（在面对面的场景中）被认为是有效沟通的基本要素。

· 重要的是留意和专注。

· 倾听，但不要评判他人，也不要在心里批评他/她告诉你的事情。

· 不要接下茬，就是说，不要顺口把别人要说的句子说完。这太烦人了。

· 不要因为你有话想说就打断别人。

· 不要想着自己接下来要说什么，而不去倾听。这很没礼貌。

· 倾听需要耐心。

45 开怀大笑

开怀大笑对我们有好处。它可以放松心情，让我们感觉与世界融为一体；而感觉与世界融为一体总是会帮助人克服消极情绪，鼓励你积极向上。笑就是一台压路机，能把一切负面的东西碾压到地底下去。

点石成金

我们这个世界充满了暴力、创伤和敌意；不断循环播放的新闻和永远在线的社交媒体把我们浸淫在一系列可怕的图像和负面新闻中。我们不再只是听到周围发生了什么（如果听到的一切都可信），相反，我们还经常看着它发生，有时甚至是现场直播，且重复播放。那么，我们该如何平衡直面现实的渴望和保护自己的需要呢？我们该点击链接，打开那些描绘飓风、枪击或邪恶事件的页面吗？我们需要适当的平衡吗？

你还记得自己最后一次真正开怀大笑是什么时候吗？是因为一个笑话、一个故事、一段记忆、一个场景，还是一部电影？是笑得喘不过气来还是仅仅咧嘴一笑？笑让我们感觉良好，对自己和周围的人感觉良好。即使这感觉不是永久的，对思维模式的改变和精神状态的提升却绝对必要。苏格兰裔美国实业家安德鲁·卡耐基（Andrew Carnegie）曾经写道："欢笑越少，成功越少。"美国国家航空航天局（NASA）曾公开表示，宇航局在招募未来的宇航员时，其中一个要考查的性格特点就是幽默。他们认为，具有幽默感的候选人会更灵活、更有创造力，也更能应对压力。

笑能降低血压。笑能降低应激激素的水平，让我们缓解焦虑。笑也是一种有氧运动。内啡肽是人体内天然的止痛药，笑可以帮助我们释放内啡肽。笑还能提高我们的整体幸福感和与他人交往的能力。美国作家兼哥伦比亚广播公司（CBS）的新闻记者埃瑞克·萨法瑞（Eric Sevareid）写道："世界上仅次于剥夺荣誉感的权力，就是剥夺幽默的权力。"但我们需要限定一下——恐怖的幽默和嘲讽他人的幽默是不可接受的。

"人们不会从小丑那里买东西。"广告先驱克劳德·C. 霍普金斯（Claude C. Hopkins）在1923年说的这句话或许是对的，但时代已经变了。如今，世界上某些品牌也会充满幽默感地利用社交媒体销售他们的产品。幽默感会展示出品牌更具亲和力、更人性化的一面。维珍美国航空公司在这方面就做得很好。比如，他们在照片墙（Instagram）的主页上展示了他们的员工度假时的滑稽情景。

行动指南

· 能让他人发笑会让你感觉更好。

· 笑是会传染的。

· 笑能让我们团结在一起，让我们有参与感。

· 可以练习一些安全的笑话，要团结而不是分裂人际关系；和别人一起笑，而不是嘲笑别人。

· 严格禁止带有攻击性的幽默，比如性别歧视或种族歧视的笑话。讽刺或恃强凌弱的幽默也是如此。

46 从新闻中解脱一会儿

新闻常常令人沮丧。从新闻中解脱一段时间，并不是说让你不在乎新闻，而是让你有一段时间可以专注于自己和身边的事。

点石成金

在一场题为“信息就是食物”（Information is Food）的 TED 演讲中，记者 J. P. 兰加斯瓦米（J. P. Rangaswami）把连续看 31 天的福克斯新闻和《超级汉堡王》（*Supersize Me*）综艺节目里连续吃 31 天的麦当劳作对比。从本质上讲，主流新闻就是信息快餐，我们当然可以，也应该消费更健康的信息。

历史当然有它的作用，可以帮助我们理解问题，或许还可以帮助我们预测未来。但过多地关注历史，会让我们感到无聊或不知所措。历史学家迈克尔·贝什洛斯（Michael Beschloss）回忆了 1962 年 10 月古巴导弹危机发生后，肯尼迪总统向全国发表讲话的事。他说，总统讲完话后，“电视网立即恢复了正常的节目”。但如今，“权威人士会立即对总统演讲发表评论——有线新闻会连续几个小时剖析他的演讲”。

新闻无处不在。电视上、报纸上、推特上、照片墙上、电子邮件里、广播里，从早到晚、每时每刻都有新闻。有些新闻是假的，有些报道很荒谬。有些会影响你的睡眠，有些会让你因为束手无策而感到沮丧，还有一些则仅仅是为了吓唬人。我们可以囫囵吞下无数的新闻碎片，大多数瞬间就会忘记。新闻经常误导人，常常把焦点放在错误的事情上。你会被虚假或不准确的新闻误导。

谷歌公司的首席执行官桑达尔·皮查伊（Sundar Pichai）曾写道，他的公司应该负起责任，阻断虚假新闻的传播。“我认为我们有很大的责任做好这件事。我想，随着时间的推移，我们会做得更好。”谷歌因为未能清除假新闻而受到抨击，它并不是唯一遇到这种事的机构。不幸的是，好新闻并不受欢迎。我们被恐惧和阴谋论这两种最强大的驱动力驱策，大众往往格外喜欢这样。新闻媒体也明白这一点，他们大多还经常会利用这一点。现在，社交媒体也加入进来，进一步助长了恐惧和阴谋论，形成了一个闭环。

新闻让我们变成智障者，它为我们做了所有的思考，使我们得不出自己的结论。社会学家皮埃尔·布迪厄（Pierre Bordieu）指出：“新闻是一系列明显荒谬、结局看起来都一样的故事。贫穷国家里总是无休止地游行，没有任何解释就冒出一系列事件，没有任何解决方案又凭空消失——今天是扎伊尔（Zaire），昨天是波斯尼亚（Bosnia），明天就轮到刚果（Congo）。”听起来也许有些刺耳，却是事实。

当接触不到新闻的时候，我们会感到焦虑。我们必须每30秒检查一次手机。而新闻却常常解释不了任何事。事情的发生需要理由，要么是我们无法得知理由，要么就是事情可怕到无法解释。而且，最糟糕——也确实是最糟糕的，同时也导致诸多生灵涂炭的祸根就是，新闻助长了所有认知错误的根源：确认偏见（Confirmation Bias）。用沃伦·巴菲特的话来说，“人类最擅长的就是去解读各种新信息，这样他们之前的结论就可以保持不变”。这太令人恐怖了。新闻也加剧了叙事偏见（Story Bias）。我们的大脑希望听到有意义的故事，即使它们与现实不符，我们仍想听到。然后，我们会胡乱拿些东西填补这些漏洞。

一些新闻重复报道我们无能为力的事，让我们因此变得消极。它折磨着我们，渐渐地让我们形成了一种悲观主义的世界观。但我们其实可以控制看新闻的数量和时间。如果远离新闻，或者远离一些新闻，能够帮助我们成长，多给我们一些空间，这就是有益的地方。

行动指南

· 越南佛教僧侣、和平活动家释一行禅师（ThíchNhât Hanh）曾这样说过："当你打开电视的时候，你就会冒着摄入暴力、绝望或者恐惧这类有害物质的风险。"

· 在过去 12 个月内你读过的所有新闻报道中，有哪一个让你对你的生活、你的事业或者你的生意这些重要方面做出了更好的决定？

· 你了解到的新闻事实越多，你对大局的理解就越少。

· 当你不看突发新闻的时候，你可以睡得更好、更乐观，笑得更奔放，压力也更小。

· 定期从数字世界里走出来。每天一次或每周一整天，拔掉网线，断开所有的连接，这样你就能把自己完全连线到对你生活最重要的事情上了。

· 时不时把手机留在家里，敢不敢？

· 如果你在车里听新闻，可以换成听音乐或者什么也不听。

47 为自己点赞

思维模式的转变需要你不断保持自我感觉良好的状态。你很了解这一点。如果我们在实现了某个目标以后为自己庆祝，就会强化这一进程。

点石成金

领导力专家西蒙·斯涅克在他的 TED 演讲《伟大的领导者如何激励行动》（*How Great Leaders Inspire Action*）中说，没有人会为了追随领导者而追随领导者，他们是为了自己才追随领导者的。最能鼓舞人心的领导者会在员工（或者他的追随者）身上点燃火花，促使他们采取行动。凭着这些火花，员工和追随者们会知道，立功的时候到了。

我们都有过这样的经历：赏罚不公，别人抢走了我们的功劳。有时候，功劳记在了错误的人身上。有人告诉我们，谦虚是一种高尚的品质，也是我们需要培养的品质，虚荣、傲慢和自吹自擂是不可取的。把我们的功劳据为己有没关系，抢走我们的功劳也没关系，但再扬扬得意、傲慢自大，情况可就完全不同了。

在《感觉良好：新情绪疗法》（*Feeling Good*: *The New Mood Therapy*）一书中，大卫·伯恩斯（David Burns）认为，认知扭曲（Cognitive Distortions）是抑郁型思维的典型症状。他说："认知扭曲最具破坏性的一种形式就是否定积极的东西。你就像一位科学家，努力寻找证据来证明某些你最喜欢的假设。这些假设主导了你的抑郁型思维，它们通常表现为不断暗示自己：‘我是二流的’。”很多时候，女性在应该得到表扬的时候却没有得到表扬。作家凯·斯泰格（Kay Steiger）公开表示：“有太多女性都发现，走向成功这一路上最难的部分可能就是为自己的工作赢得认可，尤其是在团队中工作的时候更是如此。”数字营销专家玛吉·福克斯（Maggie Fox）还说：“我不在乎你觉得……那些想占据一席之地的女性多么令人讨厌，但如果不自我推销，就会令所有人失望。”

我们花在庆祝自己成功上的时间太少了。我们有时候很少注意到自己的小成就，因为我们太专注长期的目标了。通常，当我们感到沮丧或者不安的时候，我们只看到犯下的错误。如果你发现自己在不停地思考本应该这么做或那么做，请不要责备自己。汲取教训，然后为自己做得好的地方点赞。一定会有办法的。

行动指南

- 即便你在某些地方搞砸了，也要对自己已经完成的事充满信心。
- 如果完成了一件小事就为自己庆功，你就会制造出一些积极的能量。这些积极的能量会帮助你渡过更艰难的时刻。
- 如果你都不欣赏自己，你觉得还有谁会欣赏你?
- 当你积极地看待自己的时候，你的行为也会变得积极。

48 问题是不可避免的，它们可以变成机遇

问题从天而降的时候，大多数人的反应都是消极的。问题肯定会有，只是大小不同而已。如果你学会承认生活中出现问题是正常的、经常性的、完全不可避免的，那么你就已经朝着更积极、更优雅、更客观地理解和解决问题迈出了第一步。而且，问题也可能是机遇。

点石成金

亚马逊公司的杰夫·贝佐斯写道："压力主要来自你对可以控制的事情不采取行动。"生活中的问题，就像许多事（包括机遇）一样，是不可避免的。但是，与这种不可避免的事情做斗争是最消耗精力的。那些每天饱受忧虑、担心和压力折磨的人会发现生活就像一条漫长而黑暗的隧道。因此，弄清楚该把时间和精力放在哪里、不放在哪里，这一点非常重要。

我们必须动手解决问题，解决问题能帮助我们重新振作。这也是企业的成长方式。伟大的公司是那些专注于应对重大问题/机遇的公司。那些生存下来的公司之所以能生存，是因为这些公司要解决或者要提供的东西太重要了，它们总有很多工作可做。例如，普瑞纳公司（Purina）存在的目的就是"把宠物与人联系在一起"。谷歌公司存在的目的就是"组织起全世界的信息"。这样的任务什么时候能完成？每天都能做一点儿，但永远不会完成。所以，只要它们坚持自己的目标并去实现它，就能一直生存下去。

当我们从错误中汲取教训的时候（我们必须这么做），应该努力成为把障碍和挫折视为机遇的人。那些说“问题都是机遇”的人是错的，因为问题并不都是机遇。生活中有些问题难以克服，或者根本无法克服。但是大多数问题都有解决方案，而且可以用积极的方式发现这些解决方案。如果我们用消极的心态去处理问题，那结果永远不会令人满意。在面对问题的时候，我们也很容易过度概括。因为丢了一支最喜欢的钢笔就可能会让你觉得这一天都很糟。

1941 年，瑞士工程师乔治·德·梅斯特拉（George de Mestral）在阿尔卑斯山徒步旅行时，对芒刺总是粘在袜子和狗身上感到烦恼不已。他决定用显微镜观察这些芒刺，看看它们为什么能粘得这么好。他发现芒刺上有很多细微的钩子，芒刺正是利用这些钩子附着在袜子和狗毛上的。这个“解决问题”的结果是发明了“维可牢”魔术贴（Velcro）。2010 年，深水地平线公司（Deep Water Horizon）的钻井平台在墨西哥湾爆炸，引发了历史上最大的一次石油泄漏事故。原油不受控制地从海底泄漏了三个月，造成了前所未有的问题和环境灾难，现有的一切技术手段都无法控制它。为解燃眉之急，英国石油公司（BP）在两个月内研发出了封顶装置（Capping Stack），最终控制住了漏油。目前，全球的深水钻井作业中都使用这一装置。1997 ~ 1998 年，受亚洲金融危机影响的国家陷入了严重的衰退，失业和贫困迅速增加。尽管这场危机对这些国家，尤其是印度尼西亚和泰国的打击是毁灭性的，但它也提供了宝贵的教训，帮助亚洲在 10 年后的全球危机中处于有利的地位。许多人认为，亚洲的经济因此比 1997 年更好了。挑战多方利益的大规模危机可以把形形色色的伙伴——盟友和竞争对手联合起来，解决问题，创造出新的机会。

行动指南

・不要夸大问题。确实，有些问题很严重，但大多数并没有那么糟糕。

・每一次经历都有值得学习的地方，这是你成长和提高的机会。

・有时候问题并不像你想的那么大。你的行李没有随飞机运过来是件麻烦事，但并不是世界末日。

・挑战往往来自我们如何拒绝改变。不要因为害怕而拒绝改变。

・如果一个问题摆在面前，你必须改变自己对某些事物的看法，而且你本能地觉得新看法很有道理，这就说明，你的思维模式正在向好的方向转换。

49 记住，你总是有选择的

在刘易斯·卡罗尔（Lewis Carroll）的《爱丽丝漫游仙境记》（*Alice in Wonderland*）中，爱丽丝来到了一个岔路口。“我该走哪条路？”她问道。“你想去哪儿？”柴郡猫反问。“我不知道。”爱丽丝答。“那么，”猫说，“走哪条路都没关系。”如何看待挑战、挫折和批评，都是你自己的选择。抱着僵化的思维模式，你会相信自己的才能是有限的，你会用这种眼光去看待一切问题。而拥有成长型思维，你会觉得可以借此提高自己，拓展自己的能力，权衡各种选择，这都取决于你。

点石成金

生活中充满了选择。如果没有选择，生活会变得大不一样。在我们的一生中，经常会犹豫是要向左转还是向右转，或者是该做这件事还是那件事。最美妙的就是我们的确有选择权，而最困难的也恰恰是我们要做出选择。

我们经常会犯一个决策错误：给自己好几个选项。我们相信，如果对每个潜在选项都全面考量，我们就会有更好的选择，会做出最好的决定。我们假设，如果仔细考虑每一个选项，就不会有不确定性。问题是，我们很可能会不知所措，根本做不出决定，而不确定性仍然存在。

英国安本资产管理公司（Aberdeen Asset Management）的马丁·吉尔伯特（Martin Gilbert）说：“2005 年我们收购德意志资产管理公

司（Deutsche Asset Management）时，最后是我和一个德国来的家伙坐在一个房间里敲定了一切。所以有些关键时刻，你偏偏会如此孤独。不过，在那之前，我们进行了大量的讨论，我们获得了很多的共识。对我来说，一个人单枪匹马，不带着团队出去做事就是自杀。”对于兰桂坊集团（Lan Kwai Fong Group）的香港企业家盛智文（Allan Zeman）而言，他对选择的看法是速度：“你必须面对问题，你必须做出反应，而且是快速反应。”

1997 年，苹果公司决定召回被解雇的史蒂夫·乔布斯。有时候，董事会可能迅速摆脱创始人，转而选择职业经理人。但是，尽管一家公司可能会从聘请专业人士中获益，但也面临着失去魅力和创业活力的风险。1993 年，塔塔钢铁公司（Tata Steel）的首席执行官贾姆谢德·伊拉尼（J. J. Irani）做出了一个选择，制订出一套新的裁员方案。它提升了员工的士气，同时也节省了资金。位于印度詹谢普尔市的塔塔钢铁公司是一家设备陈旧的亏损企业。一些员工马上会失去工作，可塔塔钢铁公司从来没有人失业过。一旦你在那里工作，你的饭碗就有了保障。25 年后，你的儿子或者女儿也能在那里工作。因此，新的方案是，40 岁以下的工人在他们退休前都能得到全额的工资保障。年龄较大的员工将得到比工资更高的保障，工资调整额度根据年龄不同维持在 20% ~50%。如果他们在达到退休年龄之前去世，他们的家人将继续领取全额工资，直到工人的退休年龄。到 2004 年，工人总数从 7.8 万人减少到 4.7 万人，其中约三分之一是自然减员。劳动力成本降低，加上超过 10 亿美元的新投资，使塔塔钢铁公司成为一家高效、具有全球竞争力的公司。

1952 年，波音公司（Boeing）把宝都押在了 707 机型上。首席执行官比尔·艾伦（Bill Allen）决定，即使没有接到订单，也要推出这款飞机。他就是坚信客户会买。把公司的未来赌在一个愿景上真的需要勇气。1982年，当强生公司（Johnson & Johnson）得知其在芝加哥销售的泰诺（Tylenol）掺有氰化物导致7人死亡时，公司的首席执行官詹姆斯·伯克（James Burke）决定在全国范围内召回所有这种止痛药，然后设计了一款防篡改的药瓶——这一切花了1亿美元。

陷入左右为难的决策过程中是非常艰难的。有些人乐在其中，还有些人则对此感到恐惧。有些人在做决定的时候明知另一种选择可能会更好，却仍然一意孤行，最终把自己推上了注定失败的道路。最令人沮丧，但也同样重要的是，我们知道答案就在那里，我们只是必须做出决定。

行动指南

· 听从你的直觉。你可以试试这个：当面临两种选择时，只需要抛硬币就行了……因为硬币抛在空中的那一瞬间，你可能就突然知道自己想要什么了。

· 在努力决定哪种选择最好的时候，还要保持积极的心态是很不容易的。生活中很少有非黑即白的选择。一切取决于你，去运用你的技能和你的支持系统来找出什么是最好的。

· 没人能否认从他人那里获取信息的重要性。当你要做出重大人生选择的时候，你可能必须考虑到他人的意见，但有时候这完全取决于你自己。

· 要相信自己做出的选择。

· 一旦做出了选择，就一定要下定决心，不要瞻前顾后。保持积极的态度。

50 学会说“不”

我们有一种“崇尚过度承诺”的全球文化。很多人对他们不想做的事情说“是”，这也助长了消极情绪。你不必总是把别人的需求放在自己的需求前面，也不必因为把自己的需求放在第一位而感到内疚。

点石成金

沃伦·巴菲特评论道：“成功人士和非常成功人士之间的区别就在于，非常成功的人士几乎对所有的事都说‘不’。”沃顿商学院（Wharton School）的教授、《给予与索取》（*Give and Take*）一书的作者亚当·格兰特（Adam Grant）写道：“求忙人才能做成事。这句老话很在理，但对忙碌的人来说这也意味着魔咒和厄运……当你建立起有求必应、慷慨大方的名声时，你会收到越来越多的请求。”

开口说“不”，在任何情况下都未必意味着拒绝。学会以正确的方式说“不”，反而可以证明我们善于接受，且有能力接受。反之，只能证明我们耳根太软，是个“好好先生”。成功人士会花时间去理解每个提出请求的人，弄明白为什么这些请求对他们很重要。这表明他们很在乎，即使他们没有时间提供帮助。

在决定要接受哪些请求之前，关键是要充分理解我们自己的目标。成功人士先设定目标，他们定义好自己的首要目标后，只同意那些有助于实现这些目标的请求。自私吗？可能吧。因为设定优先级是有意义的——我们无法做所有的事。关键是要快速消化信息，理解它的重要性，这样我们才能进入下一步。“让我想想”这种回答是没有帮助的，到头来还是得说“不”。我们更尊重及时做出的决定，即使这个决定不受欢迎。当然，有时候我们想帮忙只是因为我们真的想帮忙。

2017 年，露西·凯拉韦（Lucy Kellaway）在英国《金融时报》（*Financial Times*）上撰文指出：“尽管我在工作中非常喜欢说‘不’，但我也承认，有时候这个答案是错误的。因此，最大的挑战是何时停止说‘不’，然后开始说‘是’……‘是’和‘不’的主要区别在于，一个容易，一个难。任何一个老糊涂都会说‘是’，但是说‘不’则需要人格、承诺和勇气……如果你想一拖了之，你就已经处在不利的地位，很可能会上当，一不留神说出‘是’。”

英国前首相托尼·布莱尔（Tony Blair）曾经说过：“领导力的艺术在于说‘不’，而不是说‘是’。说‘是’很容易。”但是，如果没有做出解释就拒绝，会让我们的回答听起来很刺耳，因为对方无法理解拒绝的原因。解释“为什么”会让这个问题变得容易一些，尽管我们没有义务去解释，而且解释最终可能会变成一场争论。帕蒂·布莱特曼（Patti Breitman）写过一本书，名叫《如何说不而不感到内疚》（*How to Say No Without Feeling Guilt*）。书中的前提恰恰是你可以说“不”而不用感到内疚。据说，史蒂夫·乔布斯曾经说过：“只有说‘不’，你才能专心做真正重要的事情。”

行动指南

· 要出于力量说“不”，而不是出于软弱说“是”。

· 在时间管理中，“不”是一个重要的词，因为它可以帮助你把时间分配到对你更重要的事情上。

· 确定哪些对你重要，哪些不重要。如果你不知道该把时间花在哪里，那你也搞不清不该把时间花在哪里。

· 要感谢人们提出的要求，但这并不需要你回答“是”。

· 直截了当地说“不”。不要说“可能”或者“也许”，这给人的印象太含糊。

· 不要在你说“不”的理由上撒谎。

· 对请求本身说“不”，而不是针对提出请求的人。你不是在拒绝这个人，只是拒绝了他/她的请求，要明确这一点。

· 有些人不愿意轻易放弃，这是他们的权利。但在不违反上述任何规则的情况下，让自己像他们一样固执。

· 想想说“是”给你带来的痛苦和怨恨。要是一开始就说“不”，不是更容易、更直接吗?

第六章

对待他人的态度

51 心怀感激

我们大多数人会把很多事情都看成理所当然的。请在心里记得，要对那些使你的生活变得更积极、更好、更快乐的人心怀感激。

点石成金

作家兼演说家齐格·齐格勒(Zig Ziglar) 曾写道："感恩是人类所有的情感中最健康的。你越感激所拥有的，就越有可能获得更多值得感激的事。"哈佛大学的一份健康刊物中曾指出："那些记得对员工说'谢谢'的经理会发现，他们的员工受到了鼓励，工作也会更加努力。"2007 年，弗兰克·布莱克（Frank Blake）成为家得宝公司（Home Depot）的首席执行官，他建立了一套表扬信制度：区域经理和大区经理向他推荐那些在工作中或者服务中应该受到表扬的门店员工。布莱克会给这些员工亲笔写感谢信，此举收到的效果也让他深受鼓舞。

礼貌是一套基于常识、礼仪和习惯形成的行为准则或规则，感恩也是其中之一。从孩提时代起，我们大多数人就知道，在有些情况下需要说"谢谢"。世界上总有一些没礼貌的人，但这并不意味着你就是这种人，或者要成为这种人。表达感谢很重要，因为我们知道，有些人本可以选择不那么做，小到本来可以不必为你开门，大到本来不必为你特意扛事。

2014 年，在脸书公司成立 10 周年的纪念庆典上，马克·扎克伯格透露，他每天都要求自己写一封感谢信。金宝汤公司的前首席执行官道格拉斯·科南特（Douglas Conant）说，在他领导公司的10年职业生涯中，他给员工写过至少3万封感谢信。通用电气公司（General Electric）的首席执行官杰克·韦尔奇（Jack Welch）和老布什（George H. W. Bush）都以爱写感谢信出名。在经济学家亚当·斯密（Adam Smith）看来，感恩是面对他人向我们给予时所产生的崇敬之情，是健康社会的黏合剂："感恩的责任，或许是慈善的美德所赋予我们的最神圣的事情。"经验科学也同意这一观点：感恩，即使是很简单地说声"谢谢"，也能产生力量。

心怀感激，当面说出，是在表达尊重。我们应该感激善良的举动，感激为这个举动花费的时间。在这个争分夺秒的社会里，这一点尤为重要。总体来说，在得到感谢后，人们会提供更多的帮助，这是因为他们感觉更好了，或者说，他们的自尊心得到了满足。大多数情况下，这是因为他们十分看重被需要的感觉；当别人感谢他们的时候，他们会感到自己的社会价值提高了。感恩永远值得。无论是因为他人的感谢而让你感觉更好，还是因为感谢他人而让你感觉更好，都会提升你的积极性。

感恩还是个绝佳的励志工具。不管怎么说，谁不喜欢被人感谢呢？令人惊讶的是，开口表达感谢却非常困难。毕竟，光是不疼不痒地敷衍两句是不够的。

行动指南

- 试着亲手写一封感谢信。
- 每个人都渴望被欣赏。我们都是社会动物；因此，得到他人的接纳会激励我们进步。
- 戴尔·卡耐基在《如何赢得朋友和影响他人》（*How to Win*

Friends and Influence People）一书中写道，领导力的关键在于“真诚地表示认可，慷慨地表达赞美”。

·感恩能增强人们的自尊，这是成长型思维以及卓越绩效的重要一环。

52 不要把自己的未来托付在别人身上

从某种意义上说，我们都有老板。即便是某片领地的最高领袖，也有相关利益集团要应和。我们都要对某些人负责，也需要其他人的帮助。然而，尽管如此，你的未来仍掌握在自己手中。

点石成金

从第一天起，就要像个新领导、新经理、新员工一样做事。为了担负起责任，我们赋予自己力量，为行动的结果负责。因此，在行动过程中，我们要扮演积极而非消极的角色。只有由衷地承认现在或将来的一切都取决于自己，我们才能摆脱那些总是阻碍成功的消极借口。

实业家安德鲁·卡耐基积累的巨额财富并非来自什么专业经历或者正规教育。辍学后，他在一家棉纺厂当送信员，后来又在铁路上工作。他靠阅读自学成才。黛比·菲尔兹（Debbi Fields）创办菲尔兹夫人饼干公司（Mrs. Fields Cookies）时刚过 20 岁。她也没有受过食品行业的培训。她买饼干原料的钱都是她为奥克兰运动家棒球队（Oakland Athletics）当球童时挣来的。

我们承担的个人责任越多，能控制的事情就越多，控制力也就越大。常年累月，我们就越有可能实现心中的目标。即使真的失败，我们也找不到借口推脱了。正如商业作家吉姆·罗恩（Jim Rohn）写的那样："你必须为自己负起责任。你无法改变环境、季节或者风向，但你可以改变自己。这就是你要负责的事。"

玫琳凯化妆品公司（Mary Kay Cosmetics）的创始人玫琳凯·艾施（Mary Kay Ash）[①] 在 1963 年创办公司之前，的确有些工作经验，但她并没有接受过正规教育或创业培训。一位她亲手培养出来的男性新人却抢在她前面获得了晋升的机会，之后，她写了一本书，为的是帮助女性在商界取得成功，这本书后来成为她推出玫琳凯化妆品的商业计划书。霍尔马克贺卡公司（Hallmark Cards）的创始人乔伊斯·霍尔（Joyce Hall）在职业生涯初期，对这种后来以他的姓氏作为品牌的贺卡产品毫无经验。他的第一次冒险创业是向左邻右舍卖香水，后来他找了一份店员的工作。16 岁时，他在内布拉斯加州成立了诺福克明信片公司（Norfolk Postcard Company）。但一场大火烧毁了他所有的库存。迫不得已，他开始生产自己品牌的明信片。可可·香奈儿（Coco Chanel）也不是通过正规培训学会的缝纫。她住在修道院里的孤儿院，要自己缝补、修改衣服。后来，缝制帽子成了她的一项业余爱好。起初，她把帽子卖给其他精品店，后来，她开了自己的店。

这些人和其他人一样，都是靠自身努力开启了他们辉煌的职业生涯。当我们承担起生活中几乎发生在身上的每件事的责任时，就会发现，这有助于我们找到方法，解决生活中遇到的困难。传教士亨利·沃德·比奇（Henry Ward Beecher）曾写道：“要用高标准要求自己，高于任何人对你的期望。永远别给自己找借口。”我们大多数人在描述成功人士时都会用到这些词：“坚持不懈”“持之以恒”“不屈不挠”。这些人都把未来牢牢掌握在自己手中。这并不是说我们不能听取别人的意见，而是说，当所有的信息都搜集齐了，后面的责任就是我们自己的了。

---

① 译者注：此处没有玫琳凯·艾施的名字。为了便于阅读，在这里增加了名字。本书后面也提到此人。

有些人一遇到困难就放弃了。放弃的理由也许无可厚非（糟糕的工作、差劲儿的老板、技能不足），但也许是我们太在意，害怕别人看到我们的失败，所以经常路上稍有坎坷就停下了脚步。又或者，我们总把这个决定归咎于一个事实，就是我们认为自己“做不到”。这在很大程度上来自别人说的那些毫无帮助的话，以及旁人那些“应该”怎样，“不应该”怎样，或者“如果我是你”会怎样的话。把正面的支持从消极的影响中分离出来十分重要，这就像要把小麦从谷壳里分离出来一样。

行动指南

- 任何时候都不要强加于人。
- 成为你想成为的人。你比任何你认识的人都有潜力。
- 不论做什么决定，都要自己做决定。
- 朋友、家人和同事会听到你的问题，有些人会试着左右你、逼迫你，但他们可不会为你的成功或失败负责。
- 你无法控制别人说什么、做什么，但你可以决定自己做什么。

53 你不是一个人在战斗

虽说我们必须依靠自己，但成功人士也认可别人对他们的成功所做的贡献。虽然事情都是我们自己做的，但是大多数人都需要别人的帮助。如果没有这些帮助，我们很可能根本无法成功。

点石成金

约翰·多恩（John Donne）写道：

“没有人是一座孤岛，

在大海里独踞，

每个人都像一块小小的泥土，

连接成整个陆地。”①

生活中，我们需要各类人的帮助。这些人会帮助我们走向成功。正如神话学家约瑟夫·坎贝尔（Joseph Campbell）在《英雄之旅》（*Hero's Journey*）中指出的，大英雄无一例外都有导师。卢克·天行者（Luke Skywalker）有尤达大师（Yoda）②；史蒂夫·乔布斯是马克·扎克伯格的导师；克里斯汀·迪奥（Christian Dior）是伊夫·圣·洛朗（Yves St Laurent）的导师；伍迪·格思里（Woody Guthrie）是鲍勃·迪伦（Bob Dylan）的导师；龙威小子（Karate Kid）的导师是宫城先生（Mr. Miyagi）③；比尔·盖茨的导

---

① 译者注：这首诗有多个译本，这是其中一个译本，译者不详。

② 这是畅销科幻系列电影《星球大战》（*Star Wars*）中的人物。

③ 这是1984年的电影《龙威小子》（*The Karate Kid*）中的人物。

师是沃伦·巴菲特。如果你看过《饥饿游戏》这本书或者同名电影，你会知道凯特尼斯·伊夫狄恩（Katniss Everdeen）的导师是黑密斯·阿勃纳西（Haymitch Abernathy）。导师经验丰富，还是伟大的倾听者，是欣赏你和你的抱负的人。他/她正是你可以寻求帮助的人。

要想发展业务，我们就要与那些拥有类似商业模式，并已经取得成功的人合作。要想减肥，我们可以请一个私人教练，或者可以找一个已经减肥成功的朋友。蝙蝠侠（Batman）最好和罗宾（Robin）做搭档；尼奥（Neo）离不开崔妮蒂（Trinity）的帮助①；巴斯光年（Buzz Lightyear）和伍迪（Woody）是好搭档②；虎豹小霸王（Butch Cassidy）需要太阳舞小子（Sundance Kid）③；鲍勃·霍普（Bob Hope）需要平克·克劳斯比（Bing Crosby）④；福尔摩斯（Holmes）需要华生（Watson）⑤；列侬（Lennon）需要麦卡特尼（McCartney）⑥；本杰瑞冰激凌其实是本和杰瑞（Ben and Jerry）⑦两个人；无敌掌门狗格罗米特（Gromit）需要主人华莱士（Wallace）⑧；等等。我们举了这么多例子，就是想告诉你：人人都需要他人的鼓励。他们并不对我们的成功负责，但他们会帮助我们成功。

有时候，当我们感到孤单难熬时，我们并非孤独一人。因此，

---

① 这是科幻系列电影《黑客帝国》（*The Matrix*）中的角色。

② 这是迪斯尼动画电影《玩具总动员》（*Toy Story*）中的角色。

③ 这是 1969 年电影《虎豹小霸王》（*Butch Cassidy and the Sundance Kid*）中的角色。

④ 20 世纪 40 年代的两个美国喜剧明星。

⑤ 柯南·道尔侦探小说中的角色。

⑥ 约翰·列侬和保罗·麦卡特尼是披头士乐队的搭档。

⑦ 此处增加品牌说明。

⑧ 这是英国陶土动画电影《超级无敌掌门狗》（*Wallace & Gromit*）中的角色。

无论觉得自己的处境有多么尴尬或悲哀，我们都必须明白，还有人也一样感同身受。有时候的孤独，是因为你需要独处，而并非孤独，只是享受一些自由的时间，做回自己，找到出路。这也是一种成长。

行动指南

· 独自一人并不意味着寂寞孤独；而寂寞孤独也并不意味着独自一人。

· 给值得信赖、总是帮助你或能让你开怀大笑的人打电话，要么就与他们见面。

· 帮助需要帮助的人。帮助别人能让我们少关注一些自己。

· 孤独就像一个不受欢迎的访客，总会离开。

· 虽然你的成功由你自己负责，但与值得信赖的伙伴、朋友或同事讨论你的想法并不丢人。

54 想象成功的果实

成功人士会运用想象力，看到他们渴望和预期的成功场面。这就是愿望，这就是关键。

点石成金

毕加索说："你能想象到的一切都是真实的。"这话真是很难反驳。迈克尔·乔丹总是先在脑海里想象出投球的样子后，才会跃起投球。"拳王"阿里（Muhammad Ali）也总是强调，在比赛前就想象自己获胜的场面非常重要。你可以在头脑中想象任何在意的东西——飞行、电话、蒸汽火车、太空旅行、两三分钟跑一公里、原子弹。如果在头脑中描绘出成功的具体画面，它就没那么抽象，也更容易实现了。一旦我们知道自己在寻找什么，我们就会自动地去选择那些能够实现目标的机会。

哈佛大学营销专家特德·莱维特（Ted Levitt）相信："未来属于那些见微知著的人。"每天反复想象我们的目标，就好像它已经实现了一样。这样做可以加快实现任何（可实现的）目标的速度。这个过程激活了我们的创造力和想象力，继而会想法不断。如果我们能看到最终的结果是什么样子，目标就更容易实现。想象的过程驱动大脑感知并且识别为了实现某个特定目标所需要的资源和即将经历的阶段。而且，就像任何与思维模式的改变有关的事物一样，关注细节和心态积极同样重要。

运动员把想象最终结果的过程称为"心理预演"。但很明显，运动员也好，我们自己也好，都必须在一个范围内开展想象。如果我们根本跑不快，就不可能成为尤塞恩·博尔特（Usain Bolt）。谈到尤塞恩·博尔特，他的确事先想象过他的大部分比赛结果。最好的足球运动员总是把球想象在球门里面，高尔夫运动员总是把球想象在洞里。

想象之所以有效，是因为我们大脑中的神经元把图像理解为与真实行为等价的东西。当我们想象一个动作时，大脑会产生一个脉冲，告诉神经元去执行这个动作。这就创造了一个新的神经通路——脑细胞共同工作，创造出一种习得的行为，会以一种与想象一致的方式驱使我们前进。没错！在迪斯尼乐园（Disneyland）和迪斯尼世界（Disney World）建成数年后，有人对时任华特·迪斯尼工作室（Walt Disney Studios）创意总监的迈克·万斯（Mike Vance）说："真遗憾！华特·迪斯尼没能活着看到今天的这一切！"结果迈克·万斯却答道："他确实看到了，所以才会有今天的乐园。"

行动指南

· 要想象努力的过程，而不仅仅想象最终的结果。

· 如果你遇到的挑战更多是精神上的，而不是身体上的。例如，应付一场困难的谈话或者一次艰难的会议，那么，去想象希望达成的结果能帮助你保持冷静和专注。

· 为你要实现的目标创造一个详细的愿景。详细勾勒出要实现的这个愿景中所看、所听、所感受的所有细节。

· 带着同伴一起努力。很多人都有目标，并为之努力，有时候他们确实实现了想要的目标，却在这个过程中疏远了周围的人。

55 别去理会他人的消极

为什么？为什么别人身上的消极情绪竟能让你也如丧考妣？这对你毫无帮助！再强调一次，积极或消极的选择都在朝你招手，而你必须选择积极的那一个。

点石成金

在线社区红迪网（Reddit）的前临时首席执行官鲍康如（Ellen Pao）在一连串的谩骂声中辞职。起因是这个网站关闭了五个被认为是种族主义的论坛，此举为鲍康如惹上了麻烦。匿名用户在这个网站上发表了大量的恶毒评论，最终是一份要求她辞职的请愿书。尽管有人对她横加指责，但鲍康如表现得很专业，拒绝以同样消极的方式回应他们。

悲观主义者比比皆是。总有些人会盯着生活中的消极不放，向别人诉说自己的问题，却不去寻找（或接受）解决方案。他们还想让我们也像他们那样从阴暗的视角看问题，这能让他们感觉更好；而我们可能迫于压力，被迫倾听，最后一步步地陷入他们的世界。这实在有点儿难，但对付此事唯一的办法就是找个借口躲开，或者插进我们心知能引起对方共鸣的积极话题。保持一定程度的情感疏离对于缓解压力至关重要。

不要让消极的人把不满发泄到你身上，这是保持情绪健康和心态健康的关键。《垃圾车定律》（*The Law of the Garbage Truck*）的作者大卫·J. 波雷（David J. Pollay）认为："很多人就像垃圾车。他们到处乱跑，装满了垃圾，装满了挫折，装满了愤怒和失望。垃圾堆积如山时，总想要找个地方倒掉。如果你任由他们这么做，他们就会把垃圾倒在你的身上……不要觉得这是冲着你来的。你只需要笑一笑，挥一挥手，祝他们一切顺利，然后继续走路就好……那样你会更快乐。”

行动指南

· 消极的人应该占用你最少的时间和精力，可现实中我们却往往给他们最多的关注。

· 不要被愤怒的人蛊惑，不要试图控制你无法控制的事，比如他人的行为，你根本控制不了。

· 如果无法和消极的人保持距离，你可以设置一个底线，问问他/她打算如何处理抱怨的问题。

· 考虑一下你是否能理解这个消极的人目前的处境，考虑一下你能否施以援手，有无可能帮到对方。但不要在这上面花太多的时间。大多数情况下，你无法改变别人，也不该去尝试。

56 站在他人的角度看问题

有句著名的谚语："批评他人之前，先设身处地地替他人想想。"如果努力，我们就可以改变思维模式，并尝试从另一个角度看问题，这个角度也许是同事、老板、伴侣、父母，又或者仅仅是公正的第三方。这能帮你发现自己可能做错了什么，或者发现别人为什么是对的。它能帮助我们理解某些重要的事。而且，再强调一遍，这能帮助我们变得更积极。

点石成金

在《杀死一只知更鸟》（*To Kill a Mockingbird*）一书中，哈珀·李（Harper Lee）写道："你永远不可能真正了解一个人，除非你从他的角度去看问题，除非你钻进他的皮肤里，像他一样走来走去。"站在与我们一起生活或工作的人的角度看问题，实在大有好处。我们不仅能意识到自己的行为，还能意识到这些行为的后果。例如，脸书公司的移情实验室（Empathy Lab）①。它让脸书公司的工程师有机会亲身体验客户如何使用他们的产品，甚至能体验有视觉或听觉障碍的客户使用他们产品的感受。人们希望设计师能够了解客户的体验，并将他们的需求考虑进去，这就是移情的作用。

亨利·福特曾说过："如果成功真有什么秘诀，那就是了解别人的想法，站在他人的角度，同时也站在自己的角度看问题。"百

① 译者注：谷歌公司使用的是"移情实验室"这个名字。考虑到中国人的理解习惯，在后面使用了 Empathy 的另一个中文常用说法：同理心。

事可乐公司的首席执行官卢英德在和员工互动时也这样说过："我非常诚实。我总是从他人以及我自己的角度看问题。而且，我知道什么时候该离开。"如果我们能从另一个人的角度看问题，就能减少分歧，对有争议的事做出更有建设性的回应。处境困难时，我们说话做事也会格外谨慎，避免扩大负面的影响。

站在他人的角度看问题，也会开阔我们自己的视野。移情，也就是同理心，这非常重要。美国产品设计师帕特里夏·摩尔（Patricia Moore）格外擅长利用同理心来消除代沟，她最著名的实验是在 20 世纪 70 年代末。当时她 26 岁，却装扮成 85 岁的老妇人，体验老年人的生活是什么样子。她化了妆，看上去上了年纪，戴着雾蒙蒙的眼镜，双手绑着绷带，模拟关节炎穿着不平的鞋子，一瘸一拐地步行。她这身打扮走过城市，站在老年人的角度尝试做些普通的日常小事。基于这些体验，她发明了很多老年人容易使用的新产品。

行动指南

· 要努力提高理解他人看待某件事或某个问题的能力。

· 当你站在他人的角度看问题时，即使不同意他们的观点，你也能更理解他们。

· 同理心意味着认知和理解；明白对方看法的来源，也明白对方会怎么看待你自己。

· 我们都有一种局限：只能从自己的主观视角看世界。对此，我们无能为力。在涉及个人利益时，我们会有一种本能的偏见（不过，你已经知道，信念是可以改变的）。

57 不要一味愤怒而止步不前

在争论中受到指责时，人们容易发怒。他们很想证明自己是对的，常常坚持要这么做，这实在是浪费时间和精力。虽然四处宣扬"他是错的，他是坏蛋，我是对的，我是好人"，可能让人心里觉得挺有意思，但不会创造任何价值。与其责备别人，不如弄清楚发生了什么，并从中汲取教训，然后继续前进。

点石成金

有很多高调的成功人士都以发表攻击性的长篇大论而闻名——戈登·拉姆齐（Gordon Ramsay）、拉姆·伊曼纽尔（Rahm Emanuel）、梅格·惠特曼（Meg Whitman）和唐纳德·特朗普（Donald Trump）。人们很容易感到受挫和愤怒。伊丽莎白·霍尔姆斯（Elizabeth Holmes）在 2003 年成立了 Theranos 公司，推出创新的血液检测技术。然而，在 2015 年接受调查的时候，她因为愤怒受挫而隐瞒了公司检测设备的信息。她的处置失当损害了公司的信誉。美国联邦监管机构处罚霍尔姆斯两年内不得从事实验室检测业务。

马斯克对特斯拉汽车司机死亡事件的反应被详细记录了下来。从这些记录中专家们发现，他的反应很愤怒，充满防御性，甚至摆出统计数据表明，司机死亡这件事对他来说并没有看起来那么重要。图灵制药公司（Turing Pharmaceuticals）的创始人、前首席执行官马丁·施克莱里（Martin Shkreli）为了提高利润，将一种治疗艾滋病和癌症的药物提价到每片 750 美元，他还被另案起诉欺诈投资者。他被判处重罪，名声尽毁。这次重罚不仅是因为他的行为，还因为他在法庭和社交媒体上的傲慢无礼。这三件事都违背了危机管理的基本原则：承担责任、道歉、做出补偿和改变以确保危机不再发生。

优步（Uber）前首席执行官特拉维斯·卡兰尼克（Travis Kalanick）脾气暴躁。很多人都控制不了愤怒，但并不是所有人都处于聚光灯之下。卡兰尼克对一名优步司机咆哮，这种恶劣行为显示出他缺乏领导才能。愤怒是一种情绪，太多人都不爱控制这种情绪。与之相反，2016 年，全食超市（Whole Foods）被控在某些商品上向顾客收取过高的费用。在克服了最初几个错误举措造成的麻烦后，联合首席执行官沃尔特·罗伯（Walter Robb）和约翰·麦基（John Mackey）发布了一段视频，承担责任。罗伯说："坦率地说，我们犯了一些错误。对此，我们愿意承担责任，并郑重地告诉各位，我们正在为此采取积极举措。"他们的坦诚让各方的愤怒都烟消云散。雷内·雷哲皮（Rene Redzepi）在哥本哈根诺玛餐厅（Noma）当了 15 年的主厨。这家餐厅一直被誉为"世界上最好的餐厅"之一。他的成功一开始是靠大喊大叫实现的。但他后来做出了改变，呼吁主厨停止使用"欺凌和羞辱来榨取厨师的成果"。

僵化的思维模式会让人难以做出任何改变。责备是僵化思维的重要组成部分。当事情出了差错，这些人不愿承担责任，觉得这样会让自己低人一等。责备常常等同于无法控制的愤怒。一些人会肆意谩骂，企图控制一切。他们通过贬低别人来获得优越感。可愤怒解决不了问题，反而会产生负面影响。

当我们感到愤怒，认为某人对我们做了什么事的时候，不妨想一想，这个人到底做了什么。这些事现在看起来还和刚发生时一样严重吗？如果不是，那我们可以试着原谅这个人的行为。如果他们做的事是不可原谅的，我们也需要朝前看。把精力花在往日的伤痕上毫无帮助。宽恕不仅对被宽恕的人有益，对宽恕者也有益。所以，当有人说“我可以原谅，但永远不会忘记”时，别相信他们，放手吧。

行动指南

· 愤怒表明你在乎，这说明某些东西触动了你的神经（这不同于暴跳如雷，暴跳如雷通常是对无处发泄的愤怒的一种消极反应）。

· 愤怒可以引发行动。不过，大多数时候只是引起反应，而且通常并不是积极的反应。

· 愤怒会扰乱我们的判断力，我们还可能会被痛苦吞噬。我们会做出荒谬、不合理的决定，这往往会伤害他人，最终后悔不迭。

· 愤怒会把我们禁锢在一根筋的思维中，总是反复思考发生了什么，结果往往会变成无法愈合的伤口。所以，我们的目标是忘记，或者不让这个问题给你带来痛苦。

· 通常，当你对某些人愤怒的时候，你会经常反复回顾他们对你做过的事，这只会让你不断地投入感情。不要这样，要朝前看。

58 端正态度

你的态度在你的生活中扮演着重要角色，甚至能影响你的未来。如果我们态度消极，遇事总是做最坏的打算，从不享受已有的一切，渐渐地我们就会发现选择越来越有限。你的态度会影响你的同事、家人和朋友。但如果态度积极，你就能用这股能量感染周围的人。

点石成金

态度是对待一个人或一件事的方式、倾向、感觉或者姿态，是你选择呈现出的“面孔”。约翰·麦克斯维尔（John Maxwell）在他的《中层领导力》（*Developing the Leaders around You*）一书中写道：“积极的态度是人一生中最有价值的资产。”组织行为学专家罗伯特·安东尼（Robert Anthony）断言：“忘掉某件事为什么行不通的所有原因吧。你只需要找到一个好理由说明它行得通就可以了。”毫无疑问，态度也是我们思维模式的一部分，它涵盖了我们对世界的看法以及处事的方式。

汤姆·达文（Tom Davin）是塔可钟快餐公司（Taco Bell）和熊猫快餐公司（Panda Express）的首席执行官。他说：“我们在生活中唯一能控制的就是积极的态度。”积极的态度会进一步激发积极性，随着思维模式的成长，我们的价值观、信念和观点都会变得更清晰，会和以前大不相同。同样，我们也希望自己的所思所想与我们的身份相符。在采取行动时，我们必须带着目标一步一个脚印地行动。只有这样，这些行动才能和我们的价值观保持一致。企业靠的是专一的主张来做到这一点。例如，联邦快递的宗旨：“隔夜必达，绝对保证。”

可口可乐的目标：“这才是真的好喝！”安飞士租车公司（Avis）的口号：“只是第二，再接再厉。”20 世纪早期的哲学家威廉·詹姆斯（William James）曾写道：“面对艰巨的任务，决定我们能否取得成功的关键是我们的态度而非其他。”

哈兰·桑德斯（Harland Sanders）经营一家餐馆多年。65 岁时，他发现自己仍身无分文。他去了当地所有的民居和餐馆，想找个合伙人推广他的炸鸡配方，却运气不佳。于是，他开始在现场为餐馆老板炸鸡，如果餐馆老板喜欢，就同意售卖上校鸡块（Colonel’s chicken）——餐厅每卖出一块炸鸡，桑德斯将得到五美分。餐馆会收到上校鸡块的配料和香料包。据说，在他听到第一个“行”之前，起码听到了一千个“不行”。到 1964 年，桑德斯上校已经拥有 600 家专营店出售他的炸鸡。1964 年，他以 200 万美元的价格卖掉了自己的公司，并保留了公司的品牌。

行动指南

• 要多微笑，而且是真心地微笑。

• 主动性就像积极性一样，有助于思维模式的成长。被动的人总是让别人和外部事件来决定他/她的感受。而主动的人不管周围发生了什么，都能决定自己的感受。

• 试着七天不抱怨，用积极的想法代替一切消极的念头。任何情况下都拿出最好的表现。

• 不要拿自己和别人比较。永远不要说“这不公平”。

• 嘲笑可能很有趣，但最终，它只是把消极打包伪装成一个笑话。这可能会伤害别人。停止嘲笑——你不需要嘲笑你不喜欢的事情。

59 受到鼓舞

我们会受到他人的鼓舞，钦佩他们取得的成就。我们会钦佩勇敢的人、演员、音乐家、领袖，以及在体坛赛场、商界、政界、社会责任方面取得成就的人。我们需要榜样。好的榜样能帮助我们成长——我们可以向他们学习。

点石成金

每个人都有激励自己的榜样，都出于不同的原因喜爱他们，也许是安妮·弗兰克（Anne Frank）①、莎士比亚、莱昂纳多·达·芬奇（Leonardo da Vinci），或者莱昂内尔·梅西（Lionel Messi）。还有一些不为人知的榜样同样鼓舞我们，也许是马路对面的老妇人，她在战争、饥荒、灾难中救过人们的性命；又或是一个独自抚养三个孩子的单亲妈妈或爸爸。

在这些并非广为人知的人群中，或许有类似迈克尔·埃尔洛特（Michael Ellott）这样的人。他不知疲倦地担任统一行动组织（ONE）的领导人。这是个全球性的宣传和行动组织，旨在全球，尤其是在非洲，终结极端贫困和预防疾病。或许有像安德里亚·坦布里尼（Andrea Tamburini）这样的人。2014 年，他担任反饥饿行动组织（Action Against Hunger）的首席执行官，为该组织的善举不懈努力。再稍稍为大众关注一些，或许有类似汤博乐（Tumblr）博

① 译者注：《安妮日记》的作者。

客平台的戴维·卡普（David Karp）这样的人。卡普在年仅20岁时就创办了汤博乐，短短几周内，这项业务就火了起来。这个公司现在估值8亿美元，他的净资产超过两亿美元。汤博乐起步时，市面上还有其他博客平台。卡普认识到市场上需要另一种格式的博客来吸引那些想写短博客，又觉得推特字数限制太短的人。还有贾里德·赫克特（Jared Hecht），他年仅23岁就协助创建了社交小组公司（GroupMe），提供群组短信服务。一年后，该公司以大约8000万美元的价格卖给了Skype，作为首席执行官，他这一年干得不错！这件事鼓舞了你，如果有好点子，可以开发出来卖给其他人，他们可以用它创造出更多的东西。

看到那些从底层做起的首席执行官的故事总是令人鼓舞。厄休拉·伯恩斯（Ursula Burns）在施乐公司（Xerox）做到了。玛丽·巴拉在学生时代进入通用汽车公司，并于2013年成为首席执行官。丹尼斯·穆伦伯格（Dennis Muilenberg）1985年作为实习工程师进入波音公司，并于2015年成为总裁、董事长兼首席执行官。19岁起在联合包裹（UPS）做包裹员的大卫·阿伯尼（David Abney），2014年成了公司的首席执行官。

星巴克咖啡的霍华德·舒尔茨为了改善社区教育、种族关系和公平贸易投入了大量的时间和精力。比尔·盖茨总是热衷慈善事业，帮助世界上最贫穷和最弱势的群体。丹·豪泽（Dan Houser）是R星游戏公司（Rockstar Games）的联合创始人。听说过侠盗猎车手（Grand Theft Auto）这款游戏吗？无须多言，这款游戏和他本人的确激励了数以百万的人。穆凯什·安巴尼（Mukesh Ambani）是印度信实工业（Reliance Industries）的董事长。该公司年销售额达610亿美元，安巴尼的个人财富更是超过230亿美元。他总是鼓励他人，并预测，到2030年印度经济将增长到30万亿美元。李彦宏是百度公司的董事长，百度就是中国的谷歌。和谷歌一样，百度不断投资未来。它与中国梅赛德斯—奔驰汽车（Mercedes - Benz）的制造商戴姆勒公司（Daimler）合作，为他们的汽车提供软件服务，司机可以从智能手机上直接获取内容。他们也与宝马汽车公司（BMW）合作，开发一款能自动驾驶的汽车。这些都是鼓舞人心的案例。

所以，“鼓舞人心”有各种各样的形式。一切具有激励效果的事都可以贴上鼓舞人心的标签。了不起的人物身上那些了不起的故事都可能激励你前行。只要能受到他人事迹的鼓舞，我们自己其实不必成为财富500强公司的首席执行官，不必参加奥运会夺取金牌，也不必像大卫·吉尔摩（Dave Gilmour）那样弹吉他。我们能快速恢复积极性，是因为我们钦佩别人身上的优秀品质；不是因为我们希望自己也能做到他们做的事，而是因为我们理解了为什么这些人身上的品质是优秀的。

对于思维模式的转换，重要的是受到鼓舞后，能乘势改善我们的某些方面。如果我们只看到他人那些鼓舞人心的成就，却没有联系到自己的目标行动和工作上来，那么我们获得的这种积极感觉也仅仅是钦佩而已。想想看，为什么有些人能够鼓动他人（无论是好的方面还是坏的方面）？这些人开辟出自己的道路，表现出巨大的力量、承诺、勇气和毅力。如果是好的一面，他们就是面对反对、批评、裁决，以及毫无胜算时仍刚毅不屈的英雄化身。如果是坏的一面，那恐怕就是另一个故事了，不是吗？

行动指南

· 如果有人说“我支持你”，他们可能是真心实意的，并非诳语，这很鼓舞人心。所以，无论你说什么，你都必须是真心实意的。

· 如果问问那些鼓舞人心的榜样，是什么激励了他们取得今天的成就，他们会希望其他人或者更多人也获得成功。请注意，他们谈论这些时，经常说“我们”而不是“我”。

· 那些鼓舞人心的榜样往往满怀感恩，而令人沮丧的人只会自鸣得意。这些人总是暗地里相信自己的成功是因为天生比他人优秀。

· 鼓舞人心的榜样总是珍视自己的信仰，并且关心他人。

60 要理解多元化的存在

虽然我们的信念和价值观会发生些许转变，但无论如何转变，它们应该（也必须）都是你自己的。所以，不妨想想，你这些观点是不是真的是你自己的。只有了解了自己的文化构成，才能懂得为什么其他人会持有不同的价值观和信念。这样，你才有希望像相信自己的信念一样，相信或接受他人的信念。

点石成金

我们生活在一个日益分裂和紧张的世界里，冲突不断。移民问题是一个反复出现的主题，尤其在经济衰退（以及重大的政治平台转换）时期愈加凸显。今天，我们完全可能会和来自不同文化、宗教和背景的人一起工作。在当今的社会要想发展，包容的心态必不可少。到处是媒体的即时转播，各种冲突总是频繁播报，很容易让人产生偏见。当然，还有各种骇人听闻的事件：缅甸宣布对少数穆斯林罗兴亚人（Rohingya）采取的军事行动；1915～1916 年，土耳其人对亚美尼亚人的大屠杀；纳粹大屠杀；“二战”后从波兰和捷克地区驱逐德国人；1971 年孟加拉国（Bangladesh）的独立战争；在巴基斯坦的种族灭绝可能屠杀了数百万人；20 世纪 90 年代，50 万塞尔维亚人被驱逐出克罗地亚和波斯尼亚，许多人被杀害；伊拉克对库尔德人释放毒气；等等。这些令人愤慨的事情总是在全世界不断发生。

理解多元化的存在会大有帮助。索迪斯集团（Sodexo）在全球拥有超过40万名员工，40%以上是妇女，董事会成员中43%是女性。索迪斯集团发现对多元化的理解能提高员工的敬业程度，连毛利润和品牌形象也都提高了。普华永道（PWC）美国公司董事长蒂姆·瑞安（Tim Ryan）一直致力于全面打造由首席执行官推动执行的企业承诺，以促进美国及其他地区的多元化和包容性。这项名为“CEO促进多元化及包容性行动”的倡议会集了覆盖超过45个行业的全球领先企业的150位首席执行官。

凯撒健康计划和医疗集团（Kaiser Permanente）是一家全球医疗企业，大约有18万名员工。作为美国最大的管理式医疗机构，凯撒健康计划和医疗集团的员工组成中没有任何种族占优势，60%的员工是有色人种。此外，75%的员工、50%的管理团队和30%的医师是女性。还有一个例子，诺华制药公司在全球有17万名员工。诺华公司认为，多元化是成功不可或缺的因素，因为它可以帮助员工了解患者的独特需求。在这个机构中，“残疾（无能力）”一词已经被“多元化技能”一词取代，因为他们认为残疾人并非缺乏能力，只是技能不同、熟练程度不同。

德意志银行（Deutsche Bank）经常获得女性最佳雇主的殊荣。这家银行还帮助妇女晋升到高级职位，并支持民族谅解运动。还有一个例子，万豪酒店集团（Marriott）的主席阿恩·索伦森（Arne Sorenson）在领英（一家社交网站）上发表过一封公开信，敦促唐纳德·特朗普总统利用现有地位促进包容性：“……每个人，无论他们的性取向、身份、性别、种族、宗教、是否残疾、属于哪个民族，他们都应该在寻找工作、创业或享受某种服务方面享有平等的机会。请发挥你的领导力，让人们过上自己想要的生活，确保他们在公共空间得到平等的对待，减少这些领域中的分歧和不公。”

全球劳动力市场越来越多样化，这使得文化融合成为交流和理解的前提。这一点并不总是能做到，要做到也并不容易。

行动指南

· 围绕职场多元化的大多数研究发现，性别多元化每增加1%，公司收入就会增加3%。

· 尽可能地多了解另一种文化中的成员。

· 承认自己的天真无知。要想改善文化反应能力，可能需要你先原谅自己的错误，当然还有自己的无知。

· 避免所有的成见，无论是消极的还是积极的。成见不可靠，也不安全。

· 有很多重要的方法都可以帮助你培养强大的成长型思维模式，其中之一就是有意识地去发现你和他人之间的正面差异。你不必喜欢每个人，但是，除非有什么严重错误的地方，否则你应该尊重大多数人。找出他们看重什么，为什么看重。

第七章

工作中的思维模式

61 勇敢面对改变

工作（或家庭）中的变化通常会将我们推离舒适区，这反过来又会让我们很难接受某些变化。有时候，这种变化非常大：失业、换新工作、公司合并、办公室搬迁、新流程、新老板、糟糕的老板、新规则、新同事、新环境……这些变化接受起来可能的确很难，也可能很容易让我们变得消极。但是，改变可以让人耳目一新。

点石成金

爱尔兰政治理论家埃德蒙·伯克（Edmund Burke）写道："改变是一条伟大的法则，我们必须遵守。这是大自然最强大的法则。"改变通常会导致我们的生活发生剧变，有人会说"我不觉得会发生这种事"。比如，离婚或被解雇。可一旦发生，随之而来的是觉得自己成了受害者。积极或消极的转变通常取决于我们个人看待问题的角度。约翰·F. 肯尼迪曾说过："人生充满变数，而那些只留恋过去或现在的人，必将错失未来。"

大多数人都承认，尽管世界可能深陷入各种野蛮、欺诈和灾难之中，但个人和集体都在不断进步。世界各地的生活条件每天都在改善，越来越多的人受到教育，越来越少的人生活在贫困中，治疗疾病的方法不断增多。人类的寿命正在延长，这本身就是毫无疑问的进步。企业家吉姆·罗姆（Jim Rohm）写道："生活变得更好并非偶然，它会因改变而变得更好。"

大多数人并不喜欢改变。有时候改变让人很不舒服，以至于我们不光不情愿去适应变化，甚至磨磨蹭蹭、别别扭扭，或压根儿不愿意。总之非常不积极。但是，正如你已经知道的那样，改变是一个持续的过程，它可以成为美化生活的催化剂。18 世纪的法国哲学家德尼·狄德罗（Denis Diderot）曾这样写道："有些事情我无法强求，只能调整。有时候，最需要改变的恰恰是改变我自己的观点。"瑞士精神病学家卡尔·荣格（Carl Jung）还说："对一件事情我们必须先接受它，才能改变它。"

无论我们能否认识到，生活都是每过一段时间就会发生变化的。先说我们自己，我们都在改变。在你居住的地区，你最喜欢的商店可能会关闭；旧建筑可能会被拆除，好为一条新路让路。你可能会失去一些东西（或失去某个人），可能会离婚，生孩子，工作所需的时间更长。生活并不是静止的，我们也不应该静止。

2014 年，微软首席执行官萨蒂亚·纳德拉（Satya Nadella）为了消除破坏性的内部竞争，对公司进行了重大重组。产品和平台将不再作为单独的部门存在，所有员工要开始专注于同一组共同的目标。2016 年，纳德拉再次改变格局，将微软研发团队与必应、微软小娜（Cortana）① 和信息平台部门（Information Platform Group）合并，成立了一个新的微软人工智能与研究事业部（AI and Research Group）。纳德拉与员工们分享了一种全新的使命感，他写道："为了让这个星球上的每一个人和每一个组织都能取得更大的成就，在过去的一年里，我们不断挑战自己，思考我们的核心使命，叩问我们的灵魂——如果我们消失了，会失去什么……"

英国航空公司（British Airways）成立于 1974 年。20 世纪 70 年

① 译者注：微软出品的智能语音助手。

代的石油危机削弱了该航空公司的客户群和庞大的员工队伍，造成了巨大的经济损失；公司也因服务差而臭名远扬。1981年，公司主席约翰·金爵士（Lord King）改组了公司，将其员工从6万人减少到4万人，取消了不赚钱的航线，并使集团完成现代化。他修复了这家航空公司的形象，10年后，公司报出了业界利润最高的好成绩。

行动指南

- 把改变看成一场历险。
- 改变会带来新的机会。牛顿第一定律告诉我们，运动的物体可能会一直运动下去；而静止的物体除非受到外力作用，否则会一直保持静止。
- 我们往往宁愿一事无成，宁愿知道自己不会开心，也不想尝试一条全新的、可能会给我们带来满足感的未知道路。不能这样，我们绝不能仅仅因为某件事已知，就满足并止步于此。
- 想想你的生活中发生过的重大变化。当这些变化第一次发生时，你抗拒过吗？这种变化产生了什么积极的结果吗？
- 为了接受改变，你就必须放下对未知的恐惧。

62 培养耐受力

人活着，要么是任由挑战击垮你，消极地看待世界；要么克服它，应对挑战。请选择后者。有时候，要应对生活中的各种消极，最好的方法就是直面它们。所谓生意场上的耐受力，就是敢于承认事情并不总是一帆风顺。

点石成金

耐受力与个人的生活经历有关，它能帮助我们积极应对逆境，帮助我们应对压力。耐受力强的人能够更好地应对生活中遇到的一切麻烦。他们充满自信，相信自己有能力，并能有效地应对挑战。耐受力强的人有积极的人生观。他们深知所面临的事大多是暂时的，既然以前克服过挫折，现在就能再次办到。体育用品网络零售商富乐客公司（Foot Locker）之前叫作伍尔沃斯公司（Woolworth），它的创始人弗兰克·伍尔沃斯（Frank Woolworth）起初在一家干货店工作。他的老板不让他做前台，认为伍尔沃斯“缺少服务客户的常识”。后来，伍尔沃斯开了自己的公司。伍尔沃斯公司是最早的“廉价商店”（Five - and - Ten - Cent Store）品牌之一，这正是山姆·沃尔顿（Sam Walton）后来创办沃尔玛超市（Walmart）的业务模式。

我们的世界变得越来越不平衡，这其中的原因有很多：恐怖主义（以及由此产生的恐惧）、经济压力、工作和家庭的压力，各种糟心事，健康状况不佳……所有这些都是生活抛给我们的。有时很难对这些事件做到耐受。但对于成长而言，耐受力绝对是必要的。

通常，我们倾向于见招拆招，而不是提前预防或者抢得先机。可能只有在面临诊断或“大事”降临时，我们才开始照顾自己。然而，只有对生活中的“大事”有了正确的理解后，我们才会开始学习和成长。在职场和商界，管理层必须高度重视耐受力。培养正确的文化是企业发展的关键。这需要自上而下的领导管理，以及基于员工、供应商和其他核心利益相关者相互信任的业务关系。在维珍大西洋航空公司（Virgin Atlantic），高管们都在开放式办公室里占据一角工作。同事们可以带着想法来找他们沟通，企业里奉行着一种绝不推卸责任的文化。这样下来，重要的风险信息会立刻传遍公司内部，董事会也会迅速获取全方位信息，从而做出明智的决定。

为了弄清楚企业耐受力的根源，2016 年，英国克兰菲尔德管理学院（Cranfield School of Management）的研究人员采访了美国国际集团（AIG）、德拉克斯电力公司（Drax）、洲际酒店集团（Inter Continental Hotels）、捷豹路虎公司（Jaguar Land Rover）、科技合作伙伴关系公司（Technology Partnership）、维珍大西洋航空公司和苏黎世保险公司（Zurich Insurance）中负责风险管理的员工。很明显，耐受力强的公司不会凭空出现。他们的文化和企业的处事方式都鼓励所有员工要灵活应变，要以客户为中心，要对危险保持警惕。他们有能力在问题出现之前就预测到问题，想尽方法杜绝无视风险的坏现象。他们会确保所有事件不会上升为危机，并总是及时吸取教训。

我们之前讲过要善于形象化事物，要想象世界发生变化后会是什么样。这种方法也适用于耐受力。一旦遇到困难，我们往往只想到坏结果。但“看清”事情的全部，才能让我们做出应对计划。这就是乐观主义，乐观是从逆境中快速恢复的最主要因素。它使我们中的一些人不再躲藏，而是努力寻求解决问题的方法。我们必须相信好事终究会发生。

耐受力强的人不会一次次犯同样的错误。他们愿意诚实地说出事情（或是他们参与的事）失败的原因，并且思考到底哪些做法不起作用，以及下次该如何解决这个问题。

行动指南

· 我在此反复强调，耐受力强的人有着积极的人生观。情况越困难，他们就变得越强悍。

· 大笑会压住我们面对微小负面事件时产生的本能摇摆反应。它还能改变我们对困难处境的看法，让我们冷静下来，换个角度看问题，然后更好地应对。

· 生活总是如此，并不一定会变得更轻松或更宽容。但我们可以变得更强大，更有韧性来应对它。

· 把每个决定都看作你主动做出的选择，而非被迫牺牲，这有助于保持对形势的高度控制。

· 利用一切能获得的支持，并乐意帮助他人。

63 适当休息

在工作中，能适当休息的人比没有休息的人表现更好。在进行长期任务中适当休息一下，可以让大脑重新充满活力，让我们保持乐观。

点石成金

丘吉尔、约翰·F. 肯尼迪和托马斯·爱迪生每天都会按时休息。丘吉尔曾说过："自然规律并非要求人类从8：00起床后就一直工作到午夜，小睡是提神的法宝，是天赐的赦免，甚至只需要20分钟，就足够让人神清气爽充满活力。"阿里安娜·赫芬顿还说："睡眠让我们更有效率、更有创造力、压力更小、更健康、更快乐……从小到大，我一直误以为，如果24小时不停地工作，人会更有效率；但我现在意识到这不是真的。"

纽约咨询公司 The Energy Project 帮助谷歌、苹果、脸书、可口可乐、绿山咖啡（Green Mountain Coffee）和福特汽车等公司都找出了更好的工作方式。这家公司的负责人托尼·施瓦茨（Tony Schwartz）指出："当生活中的需求加剧时，我们往往会更拼、更努力。可没有休息时间来恢复和补充精力，我们的效率就会降低，做事时会犯更多错，注意力更不集中。"

我们集中注意力的能力是有限的，但我们可能无法识别出疲劳、分心或无聊的症状。无论我们多么倾心投入某项活动中，大脑总会感到疲劳。短暂的休息可以补充能量，提高注意力。休息还能提高工作的积极性，帮助大脑开拓出各种可行的新方法。

行动指南

· 所有人一次集中精力做一件事的时间最多只能维持30分钟。

· 适当休息一下能让我们精力充沛、元气满满，带着使命感回到手头的工作中。

· 如果你发现自己通常在下午会精神不振，可以考虑在午餐时间进行一次短暂的锻炼。

· 适当休息能帮助思考，这有助于解决你一直关注的话题。

· 如果你不在日历上安排出休息的时间，你会总觉得没时间休息。

· 你需要花些时间，远离屏幕、通知、电子设备的哔哔声和各种短信、消息。

· 高效比忙碌好。

64 精力充沛地开始新的一天

有些人总是不得不把自己从床上拖起来，这实际上为他们这一整天都涂上了消极的色彩。心态积极的人会打造出每天早晨要做的例行仪式，借此强化出生活的美好，强调活着是多么快乐的事。思维模式的成长需要正能量，而正能量首先需要的是能量。

点石成金

马克·吐温说过一句话："如果你一早起来就吞了一只活青蛙，那这一天就不会有更糟糕的事情发生了。"这句话的本意是，我们应该先从最难的工作开始着手，这样接下来的一天就显得简单多了。据说马克·扎克伯格只穿一种款式和颜色的T恤，这样就能避免了一大早决定穿什么的麻烦。培恩龙舌兰酒（Patrón Tequila）和宝美奇（Paul Mitchell）护发产品的联合创始人约翰·保罗·德约里亚（John Paul DeJoria）每天早上都会先花5分钟进行安静的反思："我一醒来，就先在床上躺5分钟，就是这样。"

不管日程安排是什么，不管我们的心态如何，日子总会一天天到来。所以，我们应该树立积极的心态，从好的地方开始新的一天。作家罗恩·弗里德曼（Ron Friedman）曾说过这样一句令人思量玩味的话："当你坐在办公桌前的那一刻，不妨问问自己这个问题：一天结束之时，我带着巨大的成就感离开办公室。这些成就是什么呢？"美国运通公司（Amex）首席执行官肯尼斯·陈纳德（Kenneth Chenault）每天离开办公室前做的最后一件事就是写下第二天早上最想完成的三件事。谷歌公司的联合创始人谢尔盖·布林（Sergey Brin）每天早上都进行高强度的锻炼；他显然对健身有着强烈的迷恋，经常穿着旱冰鞋到处溜达，在开会时做瑜伽伸展运动，甚至单单是为了好玩而用手走路（你不必那么做）。史蒂夫·乔布斯似乎每天早上都给自己做一次励志演讲。他对着镜子问自己："如果今天是我生命中的最后一天，我会对今天将要做的事情感到快乐吗？"如果他连续很多天都回答"不"，那他就知道需要做出改变了。他还提倡极简主义，从装修房子到穿衣服都是如此；他经常穿黑色T恤和蓝色牛仔裤——这样就不用考虑那些不重要的选择了。

行动指南

- 早上起床时喝一杯加柠檬的温水有很多好处，这也是让你的身体开始迎接新一天的好方法。
- 要在前一天晚上就好好为新的一天做准备。如果你习惯每晚熬夜到午夜，就得不到必需的休息。
- 拉伸是唤醒肌肉的好方法。
- 入睡前关掉所有的电子设备。
- 定期清空收件箱。
- 决定一件让明天变得特别的事。
- 我们常常抱有一种心态，认为干得越久代表越努力。"嗯，我今天累得要死，我一定很有效率。"这可不一定。并非干得越久就越努力，关键是要看结果。

65 纵观全局

就像电影一样，我们的生活是由广角镜头和特写镜头组成的。在日常生活中，你的注意力可能都集中在特写镜头上：从甲处到乙处要采取什么步骤，再到丙处又该怎么样？事情就是这么一步一步完成的。不过，有时候退后一步，纵观一下全局，也是很有帮助的。

点石成金

在1969年流传着这样一个故事：有位电视台记者问一个在NASA工作的厕所清洁工，他都做了些什么工作。厕所清洁工答道："我嘛，我把一个人送上了月球。"纵观全局，意味着看到事情或活动发展的整个过程，而不仅仅是它的一部分。我们先前还讨论过，所谓形象化，就是把我们想要的事情勾勒出清晰、明确的画面，然后再不断聚焦、完善这个画面的内容。我们不一定能看到画面的所有组成部分。全局就像一张大型蓝图，正如飞机模型或者拼图那样，也是由多个部件组成的。你可能不需要知道每个部件的工作细节，但你的确需要知道这些部件的去向和运转方式。然后，再把整张蓝图分解成几个具体的目标，这就能让目标变得更加可行。

纵观全局，实际上是要把所有部分叠加在一起，也包括活动目标。全局思维指的是一个人看待问题、机会和形势的方式。所谓全局，就是对一个问题或形势的完整看法。

最优秀的管理者不仅能纵观全局，还能理解个中细节。安妮·

马尔卡希（Anne Mulcahy）扭转施乐公司颓势的一系列措施之所以成功，部分原因就在于她对公司运营的深入了解。当时，施乐公司濒临倒闭，在她最初接手管理的关键几年里，她特别注重细节的落实。

全局思维就是战略型思维。通常，经理们会困在战术细节之中，反而阻碍了战略思考。“我们到底该如何实施?”的确，为了检验策略的有效性，从微观层面认真考虑我们的计划十分重要；但是，能考虑到全局，才是推动成功的关键因素。为了能够看清全局，腾出时间和他人一起思考和讨论你的想法就非常重要，这个人一定是你信任的人，而且比你更有大局观。

在 2016 年的致股东周年信中，亚马逊公司的杰夫·贝佐斯举了一个全局思考的例子：“杰夫，第二天什么样？这是在最近一次全体会上，有人问我的问题。几十年来，我一直在提醒人们今天是第一天。我在亚马逊一栋名为‘第一天’的大楼里工作，当我搬到其他大楼时，就把这个名字也带过去……在我看来，第二天就是停滞，再后面就是无关紧要，再后面就是磨人、痛苦的衰退，再后面就是死亡。这就是为什么总是第一天……我对这个问题更感兴趣：你如何避开第二天？要用什么技巧和战术？即便在一个大机构里，如何保持住第一天的活力？这样的问题不可能是一个简单的答案。会涉及诸多元素、多条路径，还有许多陷阱。我并不知道全部答案，但我还是对其中的要素略知一二。以下是第一天防御战的基本要素：顾客至上、对代理存疑、积极关注外部动向，以及快速决策。”

有时候，我们会做假设。有时候，别人会告诉我们该做什么假设。不要害怕推翻这些假设。推翻假设能帮助我们看到更大的全景。这也是产生积极心态的一部分。我们可能还会推翻显而易见的事实，借此“获得”更大的全局图景。IBM 意识到自己虽然叫“商用机器公司”，但并不能止步在这个名字上①。起初，他们销售商用秤和打孔卡制表机。后来，他们制造和销售大型计算机。同样，保罗·布切特（Paul Buccheit）在谷歌准备构建新的电子邮件服务时，站在谷歌独特的视角思考，将谷歌的工作视角（搜索）应用在了旧问题（电子邮件）上，打造出新的解决方案（Gmail）。诺基亚（Nokia）起家时拥有芬兰的一个造纸厂、一个橡胶厂和一家有线电视公司。通用电气最初是发明家托马斯·爱迪生为了推销其电气发明（尤其是灯泡）而成立的公司，但后来的业务却发展到了燃气发动机、混合动力机车、高清 CT 扫描仪、超音波设备和化学传感器。事情会变，事态会发展，市场会转向，人们会看到其他格局——但无论发生什么情况，领导者都必须看到大局，这样才能让一切运转起来。

行动指南

· 为你负责的任何项目都做一份日志，或是把所有组成部分列出计划。

· 进行一次静修。去个安静的地方，你可以在那里思考、做白日梦、写作、画画……不管做什么，目的就是帮助你把问题弄清楚。

· 去参加研讨会或者座谈会。与你所在的专业领域（或是你想进入的领域）的人交流，了解新的想法。

· 想象和历史上你最崇拜的人坐在同一个房间里的情形。对每一位大人物，不妨问问他们：你会如何处理某个特定的问题（这个办法用在晚宴上也很管用）。

· 试着制作模型飞机，完成一些复杂的拼图。

---

① IBM 为“International Business Machine”，国际商用机器公司。

66 永远别觉得理所当然

在《谁动了我的奶酪》(*Who Moved My Cheese*)中，作者斯宾塞·约翰逊（Spencer Johnson）讲了一则寓言：两只小老鼠和两个小人被放进了一个迷宫中。当老鼠发现奶酪并不在它该在的地方时，会立刻去寻找另一块奶酪。但那两个小人却因为奶酪被移走而感到十分愤怒。他们把时间浪费在发怒和互相指责上，都认为那是他们应得的奶酪。

点石成金

云存储服务商 Egnyte 公司的首席执行官维尼特·贾因（Vineet Jain）正在将他的文件共享业务搬到其他地方。据他说，这是因为硅谷的员工有一种所谓的“权利意识”，想和其他公司竞争雇用到硅谷员工几乎成了不可能的任务。Egnyte 公司计划从硅谷之外招聘员工，将全球员工的数量从 350 人扩大到 500 人。在美国最大的科技中心硅谷工作的员工们总是要求高薪和丰厚的福利；如果不喜欢自己的工作，他们就会跳槽，因为那里的机会太多了。贾因说，这是因为他们即便表现不佳也不用担心后果，人们自然会产生一种理所当然的感觉。

当我们说“想按照自己的方式生活”这句话时，其实和上面的情况并非一回事。我们说赋权，但有些人会跳过赋权而直接追求权利。他们要求“权利”，而有些权利并不是他们的。只要我们想，我们可以设定任何（可实现的）目标，但这仅仅是开始。真正困难的部分是行动起来，做必要的工作来达到预期的结果，而不是等着结果直接放到盘子里。这些人希望得到尊重却不愿意给予。他们期待别人的赞扬，要求别人做出牺牲，自己却不肯付出。如果组织中出现一种认为一切都理所当然的文化，那这种期望就会蔓延到一切事上。因为事情总能一如既往地继续下去——因为这种权利意识会体现成一种明确的态度："这都是我应得的权利。"

人们通常只想知道他们能从中得到什么，总想永远享受加班和休假的福利。部分原因可能是由于"千禧一代"对社交媒体的痴迷、对即时满足的需求，以及就业市场性质的变化。然而，老一辈人也同样抱有"理所当然"的期望。很多人总喜欢把自己放在第一位，还有些人从不相信别人的不同观点。他们不仅认为自己有权利表达观点——这很公平，而且认为自己的观点是唯一正确有效的——这就不公平了。

联邦快递公司把应得权利当成一种积极因素。它最初是为那些"绝对保证"必须隔夜送达的包裹提供的服务。这个口号将人人都有权立即满足的服务理念做了进一步巩固。可反过来，电视节目则颂扬了贪婪和理所应当的生活方式。不妨想想汉堡王（Burger King）的广告语"随心所欲"（Have it your way），就能体会这种暗示。有些人认为，这种理念助长了自私心态，让顾客遇到汉堡里有不想要的奶酪或酱料这种小事就大发雷霆。此外，还有飞机上的座位权利问题，买了票的乘客却因为超额预订而被拖下了飞机。

有些权利可以看成有效的"权利"，而有些则被认为是"自私的"。有些人期望适用于他人的规则也同样对自己有效。别人向他们寻求帮助时，他们会感到很反感；可当他们寻求帮助时，却指望帮助要立刻到位。还有些人希望别人对他们更感兴趣，或者对他们的日程安排更上心。可他们自己却不会同样对待别人。这些人完全无视人人都有权舒适的规则。他们无视火车上那些不要把脚放在座位上的提示，从不考虑这样会不会给别人带来不便。他们反复取消约会或预订，从不考虑后果，他们不相信互惠原则，这都是消极的心态，根本无助于思维模式的成长。

行动指南

• 理所应当，不表示就不必心怀感激。

• 不要生硬索取，而应礼貌请求，同时要记得付出、给予。在任何时候的态度都应该是：“想得到我所想、成为我所为的人永远取决于我自己，但不必用自私自利来实现这一点。”

• 约翰·米切尔（John Mitchell）是尼克松总统在任时期的司法部部长。他曾说过：“我们对生活的态度决定了生活对我们的态度。”

• “圣雄”甘地（Mahatma Gandhi）曾说过：“欲变世界，先变其身。”他可从来没有说过要等着别人把一切放在盘子里端给你。

• 认真观察，当你忍住那种理所应当的态度，不再总是事事以自己为中心时，会发生什么。

• 不要总站在道德高地上看世界，你不可能总是为那些明知是错的事情辩护。

• 记住，这个世界上谁都不欠你的。地球上有 70 亿人口，你并不比其他任何人更值得拥有一切。

67 更有建设性

当然，有建设性的行事方式与人的积极性和成长密不可分。自我批评也同样要有建设性。不要总是吹毛求疵，认为事情还不够好，而是要对自己的看法和自己所做的事有清醒积极的认识。这将对你观点的形成和处事态度的养成大有帮助。

点石成金

破坏性的谈话方式包括责备、抱怨、道听途说，以及其他各种消极态度。之所以说这些是破坏性的，是因为它们会消耗、损害我们的精力。当听说某件事或者某个人的时候，我们最初会十分恼怒冲动，但这种冲动对事件和人毫无帮助。破坏性的谈话除了表达负面情绪、浪费时间、让人感觉难受之外，再无任何好处。这可能对讲故事的人有用，但对你却毫无帮助。

人们并不一定是故意要具有破坏性的。他们可能是从原先组织的文化中习得了这一点。这样的机构缺乏领导力，甚至更糟，领导自己就消极负面。要想彻底改变自己的幸福水平，就要找到一个可以通过积极努力创造不同环境的方法。然而，如果我们自己就是问题的一部分，又或者，如果我们相信为人处世和说话表达都是可以学习的，那改变就应该从我们自己开始。

行动指南

- 有建设性的对话应该是积极的、有意义的、有益处的。
- 每次碰面，每次谈话都可能是破坏性的，也可能是建设性的。
- 要让对方知道你欣赏他们的哪一点，有建设性的环境会产生信任，而信任则会孕育出风险共担和乐在其中的心情。

68 不要相信运气

具有成长型思维的人往往非常幸运。或者说，大众媒体会让我们这么认为。这真是因为某人在正确的时间出现在了正确的地点吗？你的老板愿意雇你而不是别人真是因为你们之间的化学反应吗？也许，运气只是偶然的机会。也许，成功人士不一定运气好，但他们知道如何创造和利用机会。生活中发生的每件事几乎都可以追溯为一定程度上的努力。

点石成金

相比于各种不利条件，我们更愿意关注积极的期望。当别人看到障碍和负面假设时，我们应该看到正面的挑战和机会。所以，要培养成长型思维模式，其中一部分就是要培养一种对各种可能性均抱有开放的心态。运气即便存在，也与机会这个概念紧密相关，但又有所不同。机会是一定会发生的事，只是发生的方式有所不同。比如：硬币的正面而不是反面朝上，骰子投出了 6 点，中了中奖概率为百万分之一的彩票大奖。而运气却更重视机会出现的结果。运气指的是好运气的机会，或是坏运气的机会。如果中了彩票，就是好事；如果感冒了，就是坏事。

因此，机会是我们在无数随机结果中发现的真理或现实，而运气则是这些结果中为我们所重视的结果。不管你怎么看，在冰上滑倒似乎都是不幸的（当然在医院里，坐在你旁边的病人碰巧能给你提供一份称心如意的工作，那倒是万幸），而中彩票却很难被认为是不幸。所以，我们应该想办法改变发生不同结果的概率。

这个世界充满了可以改变机会或者说运气的各种信念。这类迷信的例子不胜枚举：亲吻球场，先穿左脚的袜子，带最喜欢的笔去考试……数以百万的人都对数字 13 格外恐惧。虽然这种恐惧来自“最后的晚餐”——《圣经·新约》中传说发生在 2000 年前的事件，但它的影响对某些人来说仍然是“真实的”。这种想法也适用于文化和商业领域：在成都，以“8”结尾的公寓楼层在转售时价格几乎上涨了 9%。中国人在购买汽车和房产上也愿意为数字“8”花钱。在拍卖会上，带“8”字的车牌要比不带“8”字的车牌价格要高。甚至连中国银行也不能幸免这种迷信。中银大厦于 1988 年 8 月 8 日在香港封顶①；北京奥运会于 2008 年 8 月 8 日晚 8 点 8 分正式开幕。这种信念在文学领域也比比皆是，对运气极尽褒奖。在《哈克贝利·费恩历险记》（*Adventures of Huckleberry Finn*）一书中，吉姆告诉哈克，胳膊和胸膛的毛发浓重预示着未来会很富有。

然而，这类事情并不一定会让人更有机会获得有利的结果。如果你刻苦训练，则更有可能赢得体育赛事，但努力显然并不能解释一切。你的努力并不会减少大考前夜被吵闹的邻居吵醒的概率，也不会减少你在比赛中被对手绊倒的概率。还有，有些人不管日子过得有多糟，似乎都能中彩票。我们着眼的重点应该是寻找成功的机会，这不一定是运气！

行动指南

- 如果不加以小心，对运气的幻觉会将你吞噬。
- 思维模式的培养需要这样：不断前行，虽然前方有机会能让

① 中国银行（香港）分行是 2001 年开业的。1988 年 8 月 8 日是中国银行在香港总部大厦“中银大厦”的封顶典礼日。

你成长得更快，甚至更好，但运气却与你的成长无关。

• 比尔·盖茨和条件同样优越的人之间相差的不一定是运气。盖茨走得更远，他综合了某些现有条件，抓住机会创造出更丰厚的回报。

• 理查德·布兰森曾说过："那些通常在大众眼里比别人更幸运或更好命的人和企业，往往总是随时准备承担最大的风险，也随时准备摔个大跟头。"

69 学习人际交往

以成功为导向、具有积极人生观的人，总能认识到社会交往的价值。他们善于发现那些与自己才能互补的人，并常与他们相伴。成功人士总是会和其他能像成功人士一样思考的人站在一起。

点石成金

专注于问题解决的咨询公司格里集团（Gerson - Lehrman）的首席执行官亚历山大·圣 - 阿曼德（Alexander Saint - Amand）写道："我从来都不喜欢'关系网'这个词。我更喜欢对话和指教。"有些人认为，在工作环境中建立关系网，往好里说是不真诚，往坏里说就是想操纵别人。缺乏自信、害怕被拒绝（以及一种无价值感）在这当中都发挥了作用。你可能会发现自己的社交风度有限，或者干脆害怕聚会。我们要知道的是，成功的人际交往需要一些自信。一个好的开始是寻找熟悉的面孔。下一步是寻找那些名声在外的人，或与之会有交往的人。如果上级跟你说话，不要沉默以对。要假设别人和你搭话是有原因的。

内向的人在寻求他人帮助时经常会不停地道歉，因为他们把联络交往看成一种负担，而不是日常的建立关系。他们觉得好像是在求别人帮他们忙。他们认为自己不值得别人花费时间，所以才为此道歉。实际上，除非是打断了对方，我们不必为和别人说话而感到抱歉。从本质上讲，我们是群居动物。因此，害羞的人并非天生害羞。他们很有可能只是更在乎别人的看法，但对别人的兴趣要少一些。只要改变这个观念，情况就会改变。

1936 年，戴尔·卡耐基（Dale Carnegie）写了一本关于人际交往的书（很可能是他的代表作）：《如何赢得朋友和影响他人》（*How to Win Friends and Influence People*）。这本书揭开了和陌生人交朋友的神秘面纱。书中有些简单的教程，其中之一就是微笑。人们通常并没有想到要微笑，也没有意识到自己正带着愁容走来走去。严肃的表情令人生畏，让别人觉得我们不友好或难以接近。微笑的表情恐怕比严肃的表情更能让他人感到温暖。

行动指南

· 把人际交往视为发现和学习的机会，而不是一件苦差事，这也正符合思维模式成长的规律。

· 加入一个正在交谈的团体可能会感到很尴尬。最好的方法是在理解了对话要点后，向小组成员提出一个问题。通过提问来建立自己的可信度，对于害羞的人而言，这比直接阐述一个容易让人产生异议的观点要简单得多。

· 应该直接叫出谈话对象的名字，而不是一直盯着对方的名牌看。

· 切忌矫揉造作。

· 如果预先知道可能会遇到某个人，最好提前做些准备。

· 新建立关系后，要记得事后联系。

70 弄明白自己想要什么，为什么想要

如果你觉得沮丧，那是因为你认为自己没有得到想要的东西，不妨花点儿时间想明白你渴望这些东西的真正原因。然后你可能会发现，你并不像自己想象的那样眷恋它们。

点石成金

从某种程度上说，你能从生活中收获什么，取决于你决定要什么，以及你真正能做到哪一步。有些人满足于让生活主宰自己的未来。这就是僵化的思维模式。而你已经拥有，或者说正在逐渐拥有成长型思维模式时，你可以做出改变，瞄准想要的目标。我们可以自己选择去做什么，因为它们就在那里；但是我们同时也需要一个理由、一个动因，来解释我们为什么想要这些。

家庭购物网公司（Home Shopping Network）在明迪·格罗斯曼（Mindy Grossman）的领导下，从沉闷的购物频道发展成一个综合性节目的电视体验。在《哈佛商业评论》（*Harvard Business Review*）杂志的一篇文章中，她谈到自己需要专注于内心想要的东西："为了解决某个问题，我需要大幅改变公司的文化。我还需要理解和重新定位品牌内涵，再设计出合理的产品战略。我不光要同时兼顾所有这些，还要在汽车行驶的过程中更换轮胎。这是个全天候运营的电视频道，所以，我们不能在准备发布新形象的时候关闭商店。"

无论实现何种目标，最重要的原则是先决定我们想要的是什么，而不是立即把精力集中在如何实现目标上。如果我们总把精力

集中在如何实现上，就可能会感到沮丧，因为我们要么是不知道该如何去做，要么就是不具备完成这件事所需的技能。最后，我们根本无法行动。我们必须先决定到底想要什么，以及想要的理由。当然也可以反过来。为了达到 X，你可能需要 Y，为了得到 Y，你需要技巧 Z。亚伯拉罕·林肯说过："你不能借由今天的回避，来逃脱明天的责任。"阿里巴巴的马云是第一位登上《福布斯》（*Forbes*）杂志封面的中国企业家。马云复读过多次，最终才考上杭州师范学院。毕业后，他应聘了 30 份工作，都没有被录用。他的重心和目标一直是做销售，而非其他。这就是他想要的。

社会和媒体总是告诉我们应该想要什么。其他人也知道他们希望我们要什么。你的家人、合作伙伴、工作的公司、宗教机构、政客和零售商都清楚地知道他们希望你要什么。这些外部想法会逐渐积累，越来越多。但你需要掌控你想要的东西和自己的思想。每个企业家都有这样的时刻，或是一次经历，或是一次顿悟：被解雇、经历绝望、感到受够了、幸运地找到了合适的导师……这些都激励着他们，在某天厚积薄发，成为一名企业家。希滕·沙赫（Hiten Shah）曾就职于分析咨询公司 KISSmetrics 和 Crazy Egg。他花了 100 万美元收购了一家从未上线的网络托管公司。他是个完美主义者，因此，他在没有了解客户需求的情况下全力打造最好的产品。他是不是疯了？这体现出的是绝对的专注——尽管代价高昂。他和同事们因此学会了精打细算，优化学习，并专注于让顾客满意。联合创始人尼尔·帕特尔（Neil Patel）表示："一旦我学会把所有的时间和精力都集中在一项业务上，我就能让它比我先前所有的业务都增长得更快。"

行动指南

- 如果你思想开放，并意识到自己心态积极，乐于在不断变化

（即不断学习和成长）的基础上发展，你的愿望总会比社会上人云亦云的想法更加清晰。因为这些都是你心中认定的愿望。

· 如果在生活中的某个特定领域，我们遭遇过太多挫折，往往就会停止渴望那里的事物。不妨问问自己，什么是你无法拥有的，然后再看一看，你是否想要那些你本可以拥有的东西。

· 广告商（和我们的家人）并不（总是）知道我们想要什么，但他们会向我们灌输想法。这会让你花大量时间去追求那些别人认为我们想要的东西。

· 传教士罗伯特 · H. 舒勒（Robert H. Schuller）曾问："如果你知道自己永远不会失败，会尝试做什么？"

· 安东尼 · 罗宾说过："信念之于每个人，有如至高无上的命令，让我们了解事情的可能与不可能、可做与不可做，从而主宰了我们的思想、感受以及行动。所以说，要想人生有所改变，其核心是改变自己的信念。"就是要转换思维模式吗？没错。

第八章

变得强大

71 指出问题时要准备好解决方案

自作聪明可没有好处。如果你的评论背后毫无实质性内容，那开口说某件事不对或者有弱点就不过是纸上谈兵。你的评论能帮得上忙，有建设性。这才是个值得拥有的好名声。

点石成金

在印度，人们向瑞莎·卡尔（Richa Kar）不停地提出问题，但谁也没说解决方案。于是，2011 年，她创立了印度最大的在线内衣销售平台 Zivame，旨在帮助女性无拘无束地购买内衣。如今，Zivame 以生产名牌内衣而闻名。卡尔相信，人们实际上很需要购买通常不方便谈论却迫切需要的产品，她正是提供了这项服务。

很多时候，我们拿不出快速解决方案（不过医务人员、消防人员、警察和其他“应急”行业总是可以）。还有些问题并非一种方案就能解决，可选的方案和面临的问题一样数量庞大，比如中东和平、全球变暖、互联网的未来、寿命延长等。不过，在个人或商业日常活动中，有一些问题我们必须也应该尽快做出决定。

前宇航员詹姆斯·洛弗尔（James Lovell）说过：“有些人让事情发生，有些人看着事情发生，有些人连发生了什么都不明白。要想成功，你就要成为让事情发生的人。”我们都参加过这样的会议，与会者把时间都用来说明当前出了什么问题，却只字不提解决方案。也许你也这么做过。这类会议可能演变成互相指责的战场，却解决不了任何问题。这些人可能就是些自鸣得意的构陷者，而且很有破坏性。关键是找出问题（也可能是机会），然后提供解决方案或者是找出解决方案的途径。我们不能低估自己解决问题的能力，也不能高估自己对问题的理解。许多人上来就讨论那些他们没有完全理解，甚至连其中的部分都不理解的事情。如果你具有成长型的思维模式，你就会把事情都安排妥当。

行动指南

· 成功人士是催化剂。他们是能把事做成的人。在激情和梦想的驱使下，他们下定决心，高才捷足，然后扭转乾坤。

· 要提出建议，并指出问题会造成的所有后果；这也包括你的建议引发的后果。

· 某个问题可能有不止一种解决方案，这些方案可能比你的方案要好。

· 要为找到解决方案设定明确的最后期限。

· 这个解决方案真的有用吗?

· 人们通常迫不及待地想和你讨论哪里出了问题，而不是讨论如何解决这些问题。这种做法很容易导致指责和摩擦。

· 在你向老板或者恋人提出问题之前，要先想出一个可行的解决方案以及它会造成的后果。

72 当机立断

虽然很多拖延症大王会懒到什么都不做，但偶尔也会出现截然相反的情况：一时冲动，草率决定。不管是哪一种，都是错误的。米歇尔·奥巴马（Michelle Obama）说："你不能基于恐惧和说不准的事来做决定。"彼得·德鲁克也写道："你所知的每一家成功的企业，都有人为之做出过勇敢的决定。"你可以通过果断地做决定来引导自己不断成长。

点石成金

当我们清楚自己的目标是什么，清楚自己为什么要努力以及如何实现目标时，做决定就容易得多。但任何决定导致的结果都可能有好有坏，可能会这样或那样。并非所有的决定都英明正确，但这没关系。不断等待，等着做决定（有时根本不做决定），这显然对实现目标没有任何帮助，对参与人员或你自己也没有任何帮助。

如果总是找借口或理由推迟改进，不愿改变，你就得不到任何成长。我们只要在脑子里想着"以后"两个字，就会陷入优柔寡断的陷阱。中国最大的电子商务公司阿里巴巴的首席执行官张勇认为，他的职责就是要做出艰难的决定。当说到如何做出这些决定的时候，他认为，及时行动比永远正确更重要："如果事情出了差错，总有机会纠正。真正可怕的是在你踌躇不决时造成的瘫痪状态。"许多商界领袖因为决策缓慢而损害了自己的声誉。例如，2000年，百视达公司（Blockbuster）的前首席执行官约翰·安蒂科（John

Antico）拖了很长时间，最终还是拒绝以 5000 万美元收购网飞公司。他其实有理由断然回绝网飞公司的联合创始人里德·哈斯廷斯给出的报价。虽然他最终还是拒绝了，但这个拒绝花了太长的时间。

当我们苦苦追求完美时（即使我们并不知道完美是什么），其实就是在浪费时间，而且会造成一定的后果。有时候，面临重大决定时，我们不想被人催促，但这并不意味着必须犹豫不决。你需要做出决定。当然，我们可以把重大决定分解为几个较小的决定，这样就可以进行测试、评估和修改。要创造良好的开端，就要评估最坏的可能，当然还有最好的可能。

行动指南

· 有些决定的风险可能很高。你深思熟虑，希望做出最好的决定，这样做很对。

· 不要长时间地妄自尊大。

· 要确保自己不会因为毫无根据的恐惧、同伴的压力，或是杞人忧天的白日梦而错误地认为某种选择比其他选择更合理。

· 当你深入思考的时候，要让这些选择在你头脑中发酵。如果时间允许，去散散步，与人交谈，然后独处。

· 如果一个选择需要你对自身的廉正守信做出妥协，记住，不要放弃你的信念。

· 有时候勇敢的选择就是正确的选择。

73 自我感觉满意就好

你必须喜欢自己，这样才能做出深刻的改变。对自己满意意味着不拿自己和别人比较，意味着对生活中做出的所有选择感到满意。它也意味着接受你将来的样子。

点石成金

当我们真正对自己满意的时候，就不需要攀比，也不需要为了给别人留下深刻印象而去做一些事情。然而，达到这一境界需要努力。尤其是在社交媒体不断地冲击，还有广告上那些所谓的“完美生活”，都会让我们觉得自己没有达到标准。对此最好的办法就是实事求是。

快乐是主观上和心理上的幸福安康，真实的生活和快乐息息相关。这也意味着要做回真实的自己。当我们鼓起勇气真实地生活时，会感觉更好。在莎士比亚戏剧《哈姆雷特》（*Hamlet*）中，波洛涅斯（Polonius）教育他的儿子雷欧提斯（Laertes）要真实地生活：“尤其要紧的是，你必须对自己忠实。正像有了白昼才有黑夜一样，对自己忠实，才不会对别人欺诈。”①

要想认清真实的自己，其方法之一就是做让自己感到快乐的事情。当我们自我感觉不好的时候，很容易变得消极。人一旦消极，就一点儿也不吸引人了。当然，接纳我们所谓的缺陷（每个人都有一些）是有好处的。这一点说起来容易做起来难。每个人都对自己有不满意的地方，但正

① 此处选用的是朱生豪的译本。

是这些所谓的缺陷让我们与众不同，令人难忘，而且讨人喜欢。

我们需要花时间练习，在身体以及精神上与自己和谐相处。对自己满意是获得我们所盼一切的最快途径。我们必须相信，无论对幸福和成功的定义是什么，我们都有资格获得它们。在这里有个放之四海而皆准的事实：如果你自我感觉良好，那无论打算做什么，你都会感觉更好。

对自己的生活——无论是已经拥有的生活还是正在创造的生活——承担起全部责任，这可以帮助你获得强大的力量。这也意味着你不必忍受你不想忍受的事情。当然，这句话说得很满，因为有时候我们的确不得不忍受一些事情。任何忍受都是在榨取你的生命。我们有时把忍受和接受混为一谈。有些事是我们必须接受的，但没多少事情是我们必须忍受的。

行动指南

• 回到我们开始的地方——集中精力，重新树立你的信念系统。因为你要知道，你的信念决定了你所经历的一切。就像洗了个澡以后神清气爽一样。

• 如果你没有过上想要的生活，可以采取相关措施，找出到底是哪些信念阻碍了你。

• 当你照顾好自己时，会更容易对真实的自己感到满意。

• 一旦你发现了真实的自我，不妨张开怀抱。

• 你得为自己留出时间。没有干扰、没有聊天、没有电子邮件、没有推特——只有自己，你的想法，以及（希望如此）舒适的感觉。

• 你就是不一样的风景。

74 建立信任

所有成功的关系都是建立在信任的基础上的。有了信任，就会有进步、生产力和创造力，一切皆有可能。承诺、投入、忠诚和卓越不再是做报告时的空话，它们变成了现实。信任是维系人际关系的纽带，你需要信任别人，需要被别人信任。信任一旦破裂，就不容易修复。

点石成金

励志演说家博恩·崔西（Brian Tracy）说："将包括上下级在内的所有关系胶合到一起的是信任，而信任又是以诚信为基石的。"

易趣网上1.68亿的注册用户大多互不相识，但他们每天都要进行100万笔金融交易。易趣网前首席执行官梅格·惠特曼表示："我仍然相信……易趣网成功的根本原因在于全球各地的用户基本上都是好人。"当然，有些人可能不同意，认为贪婪和欲望同样是网站之所以繁荣的一部分原因。但随着人们的联系越来越紧密，对企业信任鸿沟的关注也越来越多。

约翰·C.哈文斯（John C. Havens）与谢尔·霍尔茨（Shel Holtz）合著了《透明策略：领导者如何利用社交媒体实现价值最大化，建立自己的品牌》（*Tactical Transparency: How Leaders Can Leverage Social Media to Maximize Value and Build their Brand*）一书。他认为，市场和客户会越来越要求企业变得透明，并会惩罚那些未能做到这一点的企业。大多数企业都有明确的目标，都公开表示要建立信任。这些机构的价值观、文化和行为试图表达出这种信任。但这很难，而且一碰就碎。

2002 年，安达信会计师事务所（Arthur Andersen）、安然公司、世通公司（WorldCom）以及其他不少公司为美国的商界罩上了一层疑云。信任和信任崩塌充斥着新闻报道。失信企业破产了。拥有 6000 亿美元资产的雷曼兄弟投资银行（Lehman Investment Bank）在 2008 年年底倒闭。这是有史以来最大的破产案，引发了全球金融危机。该公司的高层管理人员和它的审计机构安永会计师事务所被指控欺诈。2001 年，在受到大规模会计舞弊指控后，安然公司破产，市值蒸发了 780 亿美元，这还导致安达信会计师事务所倒闭以及一系列的后果。

2017 年，最佳职场研究所（Great Place to Work）提供的数据显示，谷歌公司在阿根廷的员工认为，谷歌是一家很好的公司，这主要是因为信任。同样的情况也发生于谷歌在巴西、加拿大、印度、瑞士和美国的办公室。当企业明确地阐明它们的目标，行动公开透明，并坚持价值观的时候，信任和成功也会接踵而至。西蒙·斯涅克说过："发挥潜力与我们自身有一定的关系，但与我们和周围人建立的信任息息相关。"任何行业都是如此。

行为指南

· 高尚的行为很简单，其实就是实践你的价值观。而且，只有你能定义这些价值观是什么。

· 信任可以帮助员工更容易接受变化。

· 信任是双向的。一旦消失，通常就永远消失了。在家里和办公室里都是如此。

· 保持透明，信守承诺。

75 鼓起勇气

乔治·R. R. 马丁（George R. R. Martin）在《权力的游戏》（*A Game of Thrones*）中写道："布兰考虑过这个问题，'一个人在恐惧的时候还能勇敢吗？'父亲的回答是：'一个人只有在恐惧的时候才能勇敢啊！'"改变需要勇气，改变思维模式也需要勇气。如果你想改变，就必须准备好去承受抗拒自我以及战胜要面对的一切恐惧时产生的不适。

点石成金

理查德·布兰森说："我的成功源于勇于尝试。我不是最勇敢的人，也不是最聪明的人，但我有足够的勇气向往远方，挑战自我，并承担风险。"为了改变，我们需要有勇气放弃那些不再对我们有用的信念，或者那些无法引发同感的信念。勇气意味着虽然害怕，但依旧行动。如果我们经常害怕，可能会认为自己缺乏勇气，事实并非如此。勇气就是克服困难做事情，或者说是做困难的事情。肯尼迪说过："我们决定在未来的十年内做登月等事情，不是因为它们很容易，而是因为它们很难。"

感到害怕但仍然采取行动需要勇气。我们并不是生来就有勇气的，所以我们不应该指望不努力就能奇迹般地获得它。然而，不真的被逼到墙角勇气是不会出现的，甚至有时被逼到墙角，它也不会出现。这就是为什么我们会张大嘴巴，由衷地赞叹那些在特殊情况下表现出勇气的人。还有一些方法可以看出你有没有勇气：约某人出去约会；为某人挺身而出，或直面霸凌者；要求升职；结束一段受虐的感情生活；发表演讲。

我们都有信念——也许有些信念现在已经改变了，无论怎样，我们必须坚持这些信念。这些信念有时需要解释，有时需要捍卫。这需要勇气。查尔斯·达尔文（Charles Darwin）曾说："一个害羞的人无疑害怕陌生人的注意，但很难说他真的就害怕他们。他可能像战场上的英雄一样勇敢，但在陌生人面前却连鸡毛蒜皮的小事也毫无自信。"当然，为别人勇敢比为自己勇敢更容易。比如，有时候需要很大的勇气才敢发出特立独行的声音。

从宗教文章到童话故事，从古代神话到好莱坞电影，世界各地的文化中充满了有关勇气的故事。从《绿野仙踪》（*The Wizard of Oz*）里勇敢面对女巫的那头胆小的狮子，到《星球大战》（*Star Wars*）或者《哈利·波特》（*Harry Potter*），我们都是在英雄和励志故事的陪伴下长大的。然而，勇气不仅仅是身体上的勇敢。马丁·路德·金和纳尔逊·曼德拉（Nelson Mandela）等社会活动家也非常勇敢。曼德拉曾说过："我懂得，勇气不是没有恐惧，而是战胜恐惧。勇者不是感觉不到害怕的人，而是克服自身恐惧的人。"

奥利维亚·林（Olivia Lum）在新加坡创办凯发集团公司（Hyflux）的时候，几乎没有销售水处理系统的经验。但如今，这家公司成了亚洲领先的水处理以及流体处理公司之一。15 年来，詹姆斯·戴森（James Dyson）一直在尝试制造一种更好的吸尘器，据报道，他总共报废了 5127 台原型机。他说，每一台原型机都让他离完美更近了一步。

我们需要勇气才能与众不同。我们做出不同的选择，也无从得知别人会如何反应。我们经常退缩，不敢做或不敢说该做该说的事，因为我们害怕，所以要勇敢一点儿。托尔金（Tolkien）的《霍比特人》(*The Hobbit*)中有一个片段:"'往回返吗?'他想,'一点儿用处也没有!往旁边走?不可能!往前走?只有往前走!前进!'他振作起来,一手拿着短剑,一手摸着洞壁,向前走去,一颗心怦怦怦地跳动着。"①

行动指南

· 寻找一个榜样。当你试图超越自己的极限时,你的一部分会怀疑自己是否真能做到。榜样会提醒我们,让我们知道,答案是肯定的。

· 多去阅读,获得知识,充实自己。有一个可靠的来源,会让你对自己了解的事实充满信心。

· 明确你真正恐惧的是什么,然后勇敢地面对它。

· 不要想得太多。当我们想来想去的时候,会开始怀疑自我。这会侵蚀掉我们的自信和勇气。

① 此处使用的是译林出版社的李尧译本。

76 直面心魔

内省之人都很清楚“直面心魔”这句话。在面对心魔时，我们能够察觉到自己的潜意识，并发现它是如何破坏了我们的生活。要想直面自己的心魔，首先必须发现它们。通常，我们完全没有意识到它们的存在。任何阻碍我们成长的东西都需要处理，而且要马上处理。

点石成金

直面心魔，是所有人在某个时刻都必须做的事。我们必须面对那些真正让我们忧心挂虑的事——内心的不安全感、缺陷、深藏的秘密、自己做过的事、别人对我们做过的事，以及怀疑自己可能没有表面假装的那么好。自我评估，对我们的发现百分之百诚实，这些都非常必要。

社会重视完美，这常常阻碍了我们了解表层下的自己。所以，我们不愿意与心魔打交道。我们需要意识到个性中被压抑的部分。大多数人直到陷入最低谷的时候才会注意到内心的魔鬼。

我们总是回避，总是要找到一种方法重新回到让我们高兴的事上。在这个问题上推诿、搪塞也是一种心魔。在这里，对失败的恐惧再次抬头，觉得自己不够好，这就是心魔。亨利·福特说过：“无论觉得自己行还是不行，你都是正确的。”心魔不会因为你不理它们就会自动消失，真要那样倒好了。事实上，越是不理它们，它们会变得越严重。它们会以扭曲、变形的方式展现出来，潜入我们的工作、人际关系、焦虑、梦想和平静思绪之中。所以，有些东西我们宁愿它们消失，但我们必须面对。我们必须揭开盖子，打开天窗说亮话。这实在需要勇气。你可能不得不原谅自己或者他人，或者接受已经发生，却无法改变的事实。

据说佛陀在菩提树下证道开悟之时，妖魔来了。他一连几天试图击退它们。最后，他意识到，这充其量只会陷入僵局，各不相让。于是，他邀请它们一起坐下来。面对那些伤痕，也许会有极度的痛苦，但并不百分之百总是这样。终归它会让你平静下来，并帮助你改变。邀请你的心魔一起“喝杯茶”，你就能从阴影中重新找回自己。

行动指南

· 从现在开始，直面心魔。必要时可以寻求帮助。如果你一直把它们藏起来，你就得一直喂养它们。

· 向前看。可以看一看过去那些让你不愉快的角落和裂缝。然后，尽其所能地治愈伤口，继续前进。

· 你可能真的有勇气面对那些让你极度痛苦的事情。

77 寻找慢下来的力量

身处在快车道上，我们往往会害怕放慢速度——我们在工作和家庭中就会这样。要是任由时间流逝什么都不干，我们会有罪恶感。然而，每天匆匆忙忙、惊慌失措并不是生活的真谛，它也不会帮助你在情感或者思维模式上有所成长。所以，慢下来。

点石成金

匹兹堡卡耐基梅隆大学的一项心理学研究显示，在过去 25 年里，人的压力不断增加。这一结论并不出人意料。它在很大程度上是人们认为有必要迅速跟上源源不断出现的新信息、新技术和新的职场竞争所致。压力过大只会让我们的工作和生活的效率降低，乐趣减少。放慢脚步需要一些耐心，但耐心很难驾驭。所以，要明白你的不耐烦是怎么来的。我们生活在一个要求我们连轴转的世界里——会议，更多的会议，赴约，报告，信息搜集，业务交付，持续不断的时间管理。人们抱怨迟到晚点，抱怨过度运转，抱怨忙到发疯。有些人认为这是一种美德，事实并非如此。时不时放慢脚步对成长很重要，但要做到这一点需要硬骨气。

金伯利·埃尔斯巴赫（Kimberly Elsbach）教授和安德鲁·哈格顿（Andrew Hargadon）教授建议，上班时间，我们应让“烧脑”（需要认知）的工作和“简单机械”（不需要认知）的工作适度搭配，确保这两类工作的平衡。让大脑从高层次的运转中得到休息，做一些简单的（但必要的）行政工作。这可以帮助我们自由地控制时间，保持动力，减少压力。

牛津大学临床心理学教授马克·威廉姆斯（Mark Williams）表示，在一种视压力为荣誉的文化中工作，结果只会适得其反。“我们会花太多时间从一个任务赶到另一个任务。我们可能以为这样工作效率会提高，但就大脑而言，这其实是在逆水行舟。难怪我们会筋疲力尽。”保持正念和清醒才能有益神经系统（把注意力集中到当下这个时刻）的发展，这有助于提高我们的情商和同理心。

谷歌公司、苹果公司、通用磨坊食品公司（General Mills）、安泰保险公司（Aetna）、阿斯利康制药公司（AstraZeneca）以及其他一些公司，都推广了正念（Mindfulness）项目。报告称，实施该项目后，公司员工的专注力、注意力和记忆力都得到了改善。全神贯注地工作包括抗拒干扰，比如查看推特或者电子邮件。正念项目教会我们如何注意到自己走神儿了，如何把注意力重新转到手头的任务上来。一心多用会降低生产效率。正念项目和一心多用正好相反。一次只专注做一件事，这样一来人会放慢速度，少犯错误，多关注细节，完成速度反而更快。

放慢脚步让我们更有现实感，更注意周围的人，然后以一种不同的方式享受人际关系。当我们很忙的时候，很容易冒着身体上和情感上疲惫的风险，这反过来又会导致高度的焦虑和压力。吃得慢一点儿，说得慢一点儿，开车慢一点儿，或者坐晚一班、不那么拥挤的火车，这些都有助于心平气和。

行动指南

· 少做一点儿。当你试图做一大堆事的时候，很难放慢脚步。专注于真正要做的事情。

· 时刻联网在线，意味着我们会不断受到新信息的压迫，并任由他人摆布。所以，不妨时不时断开连接。你并不会失去什么，却会收获更多。

78 边走边说

与某人或某几个人边散步边交谈，这有助于解决问题，减少拖延的可能。这种会面的方式需要（并给予）专注、精神的力量以及承诺。

点石成金

史蒂夫·乔布斯、理查德·布兰森、马克·扎克伯格、推特公司的杰克·多西，以及美国前总统巴拉克·奥巴马都一直提倡“边走边谈”。美国政治题材电视剧《白宫风云》(*The West Wing*) 的粉丝们可能还记得，美国总统的工作人员实际上把这称为“走谈会(Pedeconference)”。斯坦福大学2014年的一项研究发现，人在走路时，创造力产出平均会增加60%。据说，亚里士多德也是边散步边教书的，他和他的学生被称为“逍遥学派 (Peripatetics)”，显然和这一说法十分符合。

散步是释放内啡肽的好方法。内啡肽是一种让人感觉良好的化学物质，它会抑制大脑中的痛觉感受器，使人镇静，为人带来欢快感。强生公司旗下的健康和预防咨询公司 (Wellness & Prevention) 副总裁杰克·格罗佩尔 (Jack Groppel) 倡导一项计划，要求员工在工作场所每半小时站起来走动1～2分钟。他表示，这么做可以提高生产率。

会面时边走边谈也很有好处。散步可以让思维过程冷静下来，同时意味着我们不必一直盯着别人看，这会分散我们的注意力。散步也是一种增进感情的方式。边散步边开会不仅对我们的身心都有好处，还能让我们在回家后喝杯葡萄酒放松一下，看最新一集《权力的游戏》时少点儿愧疚感。

行动指南

· 肩并肩一起走，可以增强你和他人一起并肩工作的感觉。

· 如果你需要或者想要和某人进行一次严肃的一对一谈话，边散步边谈很有帮助。

· 比较一下哪种情形的焦虑程度更高：当你突然接到电话让你去趟老板办公室；老板要求你和他/她一起散个步，边走边谈。哪种方式的对话更容易成功？

· 散步能让你保持专注力和积极性，因为你进入了一个不同的环境。

79 团队合作更见成效

我们已经说过，思维模式的成长需要别人的帮助。帮你的人可以是一个人，也可以是几个人（永远不会是很多人）。不过，团队合作对于发展思想和提高自我至关重要。它促进了无私的精神。这是积极性和实现个人抱负的关键。

点石成金

我们可能都知道，一起合作可以获得比任何一个人单干更好的结果。生产重型机械设备的卡特彼勒公司（Caterpillar）非常相信团队合作，也一直这么做。员工贡献出自己的才能，他们的多元化思维和决策能力使整个团队变得更强。尊重和重视他人是最重要的价值观，要求员工努力了解全局，然后做好自己的本职工作。在康菲石油公司（ConocoPhillips），管理层鼓励乐观进取的苦干精神，创造最佳业绩。其中包含着对协作、团队合作以及颂扬团队成功的狂热信念。

没有了团队合作，很少有组织能够成功。从最广义上说，归属于一个团队就好像成为更大自我的一部分。这与我们对目标的理解息息相关。在以团队为中心的环境中，我们为这个组织的整体成功做出贡献。我们与组织的其他成员一起合作，产生出集体认同的结果。即使我们有特定的工作职责，属于一个特定的部门，我们也会与他人团结在一起，共同实现特定的目标——团队的目标必须非常具体，否则人们会想象出完全不同的最终结果。

团队领导者常常说不清他们需要什么样的团队。但团队的技能必须定义清楚，这样才会发现可能缺少了哪些技能。必须认识到这些问题并找到解决办法。否则，团队很可能会失败。

在投入人力、时间和金钱支持一个团队的时候，这个组织的目标必须保持不变。在时间投入、讨论和注意力方面，团队的工作是否得到了足够的重视？团队的方向显示出了真正的领导力吗？团队知道自己的工作在整个组织的目标中所处的位置吗？这可不是泛泛而谈的时候，务必精确才是关键。团队成员是否觉得团队的任务很重要？团队成员是否承诺能完成任务，并交出预期的结果？员工们认为他们的工作对组织和个人的职业生涯有价值吗？他们希望自己的技能得到发展吗？他们对这个机会感到兴奋吗？团队是否有权去做他们认为能够实现目标的事？同时，团队成员是否理解他们的边界？更重要的是，整个组织是否理解这个团队在做什么？

记住亨利·福特的这句话："相聚只是开始，合作就是进步，团结一致就能成功。"

行动指南

· 充分理解，为什么会有你的这个团队。

· 你能应对那些创造性思维、独特的解决方案和新的想法吗？

· 当你的团队成功时，是否有奖励、赞许或者认可？

· 你的团队中的每个人，包括你，都应能说出这句话："这很清楚，我都懂了。"团队中不能有人不停地质疑团队的目标，也不能有人看不懂目标背后的真正含义。

· 和在商界一样，团队合作的理念和具体做法也是家庭和家庭生活的重要因素。

80 遵守纪律

美国前总统西奥多·罗斯福（Theodore Roosevelt）曾写道："有了自律，一切皆有可能。"缺乏自律阻碍了大多数人达到他们想要达到的成功水平。若想一以贯之，遵守纪律是最具挑战性的习惯。

点石成金

遵守纪律不是你该有什么，而是你该做什么。有许多重要的品质可以帮助一个人获得成功和幸福，但只有一种品质可以在生活的各个方面帮助你获得持久的、长期的成功，它就是自律。自我控制能力强的人更善于处理目标间的冲突，这些人更容易做出积极的决定。自律的人不会让自己在做选择时被冲动或者感觉所左右。

1836 年，得克萨斯州陆军将军萨姆·休斯敦（Sam Houston）率军撤退，以避开墨西哥军队。虽然他的手下很想与圣安娜（Santa Anna）率领的墨西哥人作战，但休斯敦不愿拿他们的生命冒险。尽管有人指责他怯懦，但他仍然没有让步。在怀疑声中，休斯敦坚持自律，撤走了军队。当得克萨斯州的军队最终在圣哈辛托（San Jacinto）只用 18 分钟就击败了墨西哥军队的时候，他的自律被证明是正确的。这次彻底的胜利不可逆转地打击了墨西哥军队，为得克萨斯州的独立播下了种子。

像杰克·韦尔奇和理查德·布兰森这样的人，每天都遵守自己设定的纪律。他们把纪律当作一种习惯。《习惯的力量》（*The Power of*

Habit）一书的作者查尔斯·杜希格（Charles Duhigg）解释说，习惯是在大脑中与情感、规律和记忆相关的部分中产生的，这个部分叫基底神经节。而决策和纪律是在大脑的前额皮质中产生的。这是两个完全不同的区域。当一种行为成为习惯，我们就不再使用大脑的决策能力了，它会自动完成。因此，改掉一个坏习惯并建立一个新习惯除需要我们做出积极的决定外，我们还常常会感觉这样做是错的。我们的大脑会抵制这种改变，倾向去做已经被设定好的行为。该怎么办？我们必须把精力集中在想要做出的改变上。它不会凭空出现。改变我们的意见、观点、习惯、愿景、学习、纪律和思维模式都需要目标和努力。要承认，你要过一段时间才能感觉你的新思维模式是正确的、好的、自然的。只要稳步前行，坚持下去，它就会发生。

行动指南

· 灵感是稍纵即逝、情绪化以及不可预测的。它带来的感觉很棒，但如果没有纪律约束，就不会有任何成就。如果你一开始觉得受到了鼓舞，但没有纪律约束，你就不可能完成任务。

· 建立思维模式并不总能按计划进行。你会经历起起落落，辉煌的成功和平淡的失败，关键是继续前进。

· 当你遇到挫折的时候，找出原因，并采取相应的措施。人很容易陷入内疚、愤怒或者沮丧之中，但这些都无法帮助你提高自律。

· 我们 40% 的行为是靠习惯驱动的。所以，如果你想自律，控制自己的行为，你必须控制自己的习惯。

· 承诺是价值观的产物。如果你不能每天约束自己去做某件事，那只有一个解释：这对你来说根本没那么重要。

第九章

领导力

81 不要畏惧成功

领袖并非生而为之，而是后天铸就的。具有成长型思维模式的人，无论年龄和环境如何，都有能力改造自己。并非人人都能成为领袖。大多数管理者甚至首席执行官只会变成老板，而不是领袖。他们只是在行使权力，而不是在改造自己、改造员工和他们的组织。

点石成金

畏惧成功的表现多种多样：害怕失败、唯恐能力不足、惧怕市场或竞争、害怕领导力、畏惧嘲笑，诸如此类。成功就意味着改变（即使这是你一直想要的改变）。对成功的畏惧往往集中在几个问题上，其中的核心问题就是成功带来的变化将导致孤立。获得成功意味着将自己暴露在审视和批评之下，而且要面对新的压力和要求。担心自己能否胜任新的挑战，这很正常。你心中会有一小部分念头让你宁可不去冒这个险。

初次成为管理者时，大多数人都会进入学习阶段。他们会（也应该）得到培训和指导；这时的他们思想开放，会花大量时间认真思考如何做好工作。他们想成长，也想成功。然而，一旦学会了基本技能，很多人就停止了努力。他们也许是觉得太麻烦，也许是看不出继续成长还能走到哪一步。他们会满足于眼前的工作，而不是成为领导者。待在现有的位置上让他们觉得很安逸。最好什么都别变！这当然没什么错，但你可能不想这样。所以，不妨大胆拥抱成功吧！

伟大的领导者都具有成长型思维模式。这样的人明白“失败是成功之母”，是深入学习的保障，是成功的一部分。具有成长型思维模式的领导者知道，驾驭失败是实现成功的秘诀。他们同样渴望成功。2007 年，15 岁的戴维·卡普辍学后，在自己的卧室里开发出了汤博乐。2013 年，他以 11 亿美元的价格将这家博客托管公司卖给了雅虎。据报道，当时他的净资产超过了两亿美元。他就是相信自己能办到、能成功。他的信念就是那么纯粹！如果我们想成功，就必须清除那些可能阻碍前进的消极信念。人常常会自我设限。那些笃信自己根本完不成销售目标的人，往往会优先处理其他事，这样就有借口解释差劲儿的业绩了。他的这一信念也成了自我实现的预言。

马克·扎克伯格经营着一家市值超过 4000 亿美元的上市公司，每个月都有近 20 亿用户访问他的网站。但他更害怕的却是失去改变世界的机会，“相比于开一家公司或者确保公司不会倒闭，更能激励我的则是确保我们能对世界产生深远的影响。在生活中，我更担心的是我们不能最大限度地利用已有的机会，而不是把事情搞砸了，把生意做黄了。”这段话放在这里很合适，寻求机遇比试图避免错误能让我们在职场上走得更远。

行动指南

· 不要害怕宣布好消息。说出你的成绩是件好事。但不要傲慢。

· 具有成长型思维模式的领导者认为，热爱挑战、欣赏努力、愿意合作和渴望“胜利”是成功的几个关键要素。

· 你需要在所说所做的每件事上积极主动地展现出你的成长型思维模式，从设定成功的愿景，到成功后与员工的互动方式，都要如此。

82 思想开放才能带来强大的领导力

思想开放的人会愿意听取对立甚至相反的观点。他们会愿意接受新奇的想法，不管这些想法有多么难以挑战当前坚定不移的信念。要知道，你也许并不总是对的。

点石成金

思想开放的人愿意承认他们也会犯错。相反，思想僵化的人则根本不会考虑与他们的基本信念对立的想法。他们拒绝那些挑战他们观点的声音，只会一味地搜集那些支持他们观点的论据，这可不是健康的心态。大多数人认为自己思想开放，其实，这正是他们要挑战的首要观念。思想开放的人面对模棱两可或无知无觉，并不会觉得别扭；他们对新事物也是如此。他们总是身体力行，勇于发现。谷歌公司的人力运营高级副总裁拉兹洛·博克（Laszlo Bock）在 2017 年就说得很清楚："我们发现，在这里最成功，也是我们最想聘用的人，都是有些偏激的人。他们会激烈争吵，对自己的观点非常狂热。但如果你说：'我拿出了新证据。'他们会立刻醒悟：'哦，可不是，这就不一样了，那你是对的。'"

詹姆斯·库泽斯（Jim Kouzes）和巴里·波斯纳（Barry Posner）在他们合著的《领导力挑战》（*The Leadership Challenge*）一书中清晰地阐述了这一点："头衔并不能让你成为领导者，是你的行为让你成为领头人。模范的领导者知道，要想获得承诺、达到最高标准，他们就必须以身作则，成为他人的榜样。"我们的思维模式对此影响深远，它决定了我们如何思考和判断当前的局面、我们的情绪反应、要做出的决定和要采取的行动。思维模式还会直接影响人际关系的质量，影响我们与他人的互动，影响我们的领导方式。要想思想开放，就意味着在任何情况下都不能怀有个人偏见。

据说，早在1994年互联网尚未完全普及之前，杰夫·贝佐斯看到一项统计数据，表明互联网正以每年2300%的速度增长。他并没有一笑了之，反而很好奇这会预示着什么商业机会。他展开一张白纸，在上面列出了许多种可能。然后，世界上最大的书店诞生了。从出生到现在，我们所知道的一切或多或少都是他人灌输给我们的。因此，要想思想开放，并一直保持这种开放，就需要经常实践练习。我们必须设身处地地站在他人的立场看问题；这需要投入时间、精力和耐心。当然，思想开放并不意味着你必须认同什么，它指的是你由衷地愿意调整自己的结论，并在做出决定时考虑他人的意见。

行动指南

- 永远怀着一颗好奇心。
- 不管有多难，在讨论中都要同时考虑双方的观点。
- 无论如何都要尊重他人的信仰。这并不是说你必须赞同。“我不同意你的意见，但我会誓死捍卫你说话的权利。”这句话不是伏尔泰（Voltaire）说的，而是伊夫林·比阿特丽斯·霍尔（Evelyn Beatrice Hall）[①] 说的。
- 好的领导者在他们想吸引的人眼里就宛如一块磁石。他们在人际交往中总是孕育热忱、创造可能性，为人处世令人耳目一新，总能鼓舞其他人跟着融入进来。不过，遗憾的是，邪恶之人也能做到这一点。

---

① 伊夫林·比阿特丽斯·霍尔（笔名S. G. Tallentyre，1868～1956年6月），是一位以写伏尔泰传记而闻名的英国作家。

83 营造培养良好思维模式的文化氛围

大多数领导者都知道，思维敏捷、勇于创新和热忱合作对实现目标而言至关重要。而决定一个组织能否成功的关键因素是它的文化，文化是领导力的反映。所以，作为一个领导者，关键是要知道如何转换思维模式，并确保团队中的每个人都拥有积极的心态。

点石成金

斯坦福大学的卡罗尔·德韦克（Carol Dweck）有一项研究显示，在具有成长型思维模式的公司里，47%的员工表示自己的同事值得信赖，34%的员工表现出对公司强烈的归属感和责任感。具有成长型思维模式的公司都具有特定的文化特征。他们的员工中65%的人表示公司支持冒险，49%的人表示公司支持创新。

20世纪90年代中期，IBM公司故步自封，只专注在已有的产品和已有的客户上。换句话说，只是继续做那些曾经使它成功的事。但公司遇到了困境。缺乏创新、没有前瞻思维，以及僵化的思维模式，这些几乎毁了IBM。美国经济早已全球化，世界变化非常快。终于，IBM开始鼓励员工表现出更多的创造性。如果企业无法进化，无法在转型和研发上进行投资，就无法生存。如今，IBM再次成为市场洪流中的主角，并把业务扩张到了全球。他们放弃了排名制度，也不再评什么星级员工了；因为批评者认为，这一体系阻碍了合作和冒险。今天的IBM提倡的是一种学习、团队合作和成长型思维的文化。

培养成长型思维模式必须关注结果，但同时也要关注实现结果的过程。有些管理者往往忽视过程，或把这看成别人的工作。然而，专注于过程，可以鼓励员工尝试新鲜事物，并在培育新鲜事物的过程中寻求到帮助。

郭士纳（Lou Gerstner）在成为 IBM 公司的首席执行官后，发现公司所有必要的变革中，文化变革是最困难的。他希望把精力都集中在策略、分析以及结果考核上。在他的《谁说大象不会跳舞》（*Who Says Elephants Can't Dance*）一书中，他写道："企业文化并不仅仅是游戏的一个方面……它就是游戏本身！从根本上说，一个组织不过就是其员工所创造出的价值集合体。愿景、战略、营销、财务管理……任何管理体系，其实都可以让你在正确的道路上走一段时间。如果没有把这些因素融入企业的 DNA 中，这些企业就不可能取得长久的成功。"文化可不是在生意做完后才需要考虑的可有可无的事。文化就是企业做事的风格、信念和习惯。就像思维模式一样，文化可以是积极的，也可以是消极的。

行动指南

- 在学习新的知识和技能时，成长型思维模式能帮助你改变态度，更具热情。
- 去讲述成功、学习和改变的故事，分享你和他人过去一周的失误，庆贺和奖励你们付出的努力。
- 不要怕冒险或者犯错。别忘了庆祝恍然大悟的时刻，它和成功登顶的时刻一样重要。
- 如果你今天可以做一件事来帮助你和你的团队进一步提升成长型思维，那会是什么？如果你今天在办公室里可以做出一个改变，那又会是什么？

84 创新是领导力的一部分

谁会想到有一天手机能变成照相机和音乐播放器呢？谁会想到那些不懂技术的普通人也可以用手机连接全球呢？创新不仅意味着新技术和新应用，它还意味着工作更轻松、更高效，客户更满意——无论是内部还是外部的客户。这是一种心态，一种思维模式。

点石成金

创新型的领导者总是鼓励他人跳出思维定式。他们会创造环境，方便测试和评估各种新想法。这些领导者具有远见卓识，他们以身作则，善于合作，总是激发员工的积极性。创新可以成为行为规范的一部分。

马克·贝尼奥夫（Marc Benioff）是客户关系系统在线供应商 Salesforce. com 的创始人兼首席执行官。该公司成立于 1999 年，是一家基于云计算的公司，通过大量收购不断扩张。2013 年，公司的年收入超过了 30 亿美元。它在 2011 年、2012 年和 2013 年荣登福布斯全球最具创新力公司排行榜榜首。该公司称，他们用革命性扩张和创新态度改变了整个企业软件市场。瑞典的音乐流服务公司“声破天（Spotify）”的成功得益于日益成熟的数据采集和创新技术，使它能够在特定时段及时发布吸引用户的新作品，而不用总是提供用户听腻了的音乐。声破天已经证明，人们愿意为“方便”二字买单；在声破天上完全能一站式访问它们的音乐，使它们面对苹果音乐（Apple Music）的竞争也能不落下风。

创新性思维和合作应该得到鼓励和奖赏。做好这件事是领导者的责任。对任何组织来说，认为组织太过庞大，没时间浪费在小点子上，或是认为员工拿工资不是为了创新，都是非常危险的想法。

多数组织都会让员工各司其职，分隔在各自的业务“竖井”里（比如营销部门或者工程部门）。而创新型企业则不同，他们会随着新流程、新想法的出现来构建团队：网飞公司、色拉布公司（Snap）、微软公司、谷歌公司、华为公司、阿里巴巴公司就是这样的例子。他们的团队融合在一起，没有彼此隔离的“竖井”。如今，一些汽车制造商也在这样做。这能在创意过程中保持全方位的专注，使大家的头脑中都是同一个看得见的目标。

创新型文化意味着培养一种思维模式，来帮助你用全新的方法看世界。但是，创新并不是井井有条的。就其本质而言，尽管生意发展需要可预测，但创新不可预测。创新充满了惊奇和意外，所有的创造力都是如此。而且，创新带来的失败往往多于成功，即使我们的未来需要不断成功时也是如此。创新本质上是一把“双刃剑”，它为我们的业务带来了重大的改进，同样也带来了干扰和变革。

很奇怪，不是吗？将创新定位为组织的核心价值观是一个高回报、高风险的建议。这意味着建立创新型文化可能需要不同的领导方式，需要不同的自省方式。创新需要这样一种人：追求无限可能的激情探索者，如特斯拉公司的埃隆·马斯克，他的汽车冒险几乎耗尽了投资，他甚至拿出自己的钱投了进去。他对新投资者推销自己的愿景，要求他们承诺多年的合同。对于马斯克而言，正是他对团队的信心以及投资者对他的信心，让他的创新活了下来。

行动指南

- 不要扼杀任何与众不同的尝试。

· 尝试消除工作中的业务“竖井”。

· 分析型领导善于思考已知的事情；概念型领导善于发现未知的事情。这两种技能你可能都需要。

· 创新型文化具有一种创造性的文化赋权效应，会告诉团队要志存高远，不要让任何事情阻碍团队成员的远大理想。

· 只有到你开始相信自己、相信他人的那一刻，合作才真正开始。

· 作为一个创新型的管理者，你要真诚，不要害怕做真正的自己。当你不知道所有的答案时，就要坦白承认。

85 观察真正的领导者，发现他们的共同点

你可能听到过“真正的”这个词和“领导者”这个词喜欢连在一起用。这是你在成为领导者的道路上应该关注的事情。真正的领导者内心坦然真挚。莎士比亚在《哈姆雷特》中写道：“面对自己，要诚实。”要成为一个真正的领导者，你也应该这样做。

点石成金

2006 年，艾伦·穆拉利出任福特公司新任首席执行官。据说，他一上任就立即要求去主厂和工人们见面。一位同事告诉他：“我很遗憾，但福特的高管不会直接与工人交谈。”穆拉利很惊讶，但他还是坚持去了工厂。在那里，他和工人们交谈，谈论他们的梦想，谈论他对公司的希望，谈论福特的价值观。在接下来的几年里，他把福特公司从破产的边缘挽救回来，实现了 80 亿美元的利润。正如他在 2013 年说的：“领导力就是做真实的自己，思考你真正相信什么，然后照着去做。”

真实已经成为领导力的黄金准则。领导力不再和个人魅力或者长相有关。领导力指的是你该如何激励员工并赋能给他们。真正的领导者会找出方向，组织众人围绕共同的价值观向同一个目标前进。沃伦·巴菲特在为受益人挣钱方面展现出真正的领导力。他的受益者包括股东、员工、客户、社区和市场。他是一个独立的思想者，他挑战传统的、墨守成规地看待事物的方式，解释理由时更是简单明了。塔塔集团的董事长拉丹·塔塔（Ratan Tata）代表了真

正的领导力。他在履行承诺、平衡利润和倡导企业社会责任（CSR）的同时，将这家印度本土公司打造成了全球企业。

我们希望领导者是真实的人，而不是挂名的傀儡或高高在上的神。当我们的组织没那么等级森严的时候，我们总希望能接触到领导者。领导者要想做到这一点，唯一的方法就是做真实的自己。伪装一眼就能看穿，你会失去所有的信任。真正的领导者知道如何获得信任，他们也总把建立信任放在首位。真正的领导者谈话时坦率而诚恳。正如安妮·马尔卡希在 2001 年施乐公司濒临破产之前对员工说的那样："嘿，不开玩笑，让我们谈谈。"像她这样的领导者会指出一个无法抗拒的方向，然后领导着员工一起前进。他们知道如何协调组织，获得他们想要的（和需要的）结果。他们会积极培养活力，倾尽全力让员工投入其中。他们会帮助创造并捍卫公司的价值观。

伟大的领导者获得信任，靠的是尊重所有的利益相关者，言出必行，展示个性和能力，并坚持道德标准。如今，激励员工的不只是金钱（尽管这很重要），他们也希望了解自己每天的工作有多重要。

通用汽车公司的破产实际上是 50 年来不断走下坡路的必然结果。2009 年年初，当这个结果最终出现时，奥巴马总统勇敢地为这家公司注入资金，避免其破产。他任命埃德·惠塔克（Ed Whitacre）为首席执行官。惠塔克领导通用汽车公司扭亏为盈。在一年的任期内，他转变了经营方式。他抛弃了保护高管逃避问责的老旧委员会制度，做出了清晰、果断的决定。他同时要求员工更快、更好地工作。惠塔克甚至还出现在通用汽车公司的广告中，要求顾客给通用汽车一个机会，如果不满意，可以退款。自从将首席执行官的职位移交给继任者丹·阿克森（Dan Akerson）以来，惠塔克因为辞职受到了不应有的批评，但这也是他的初衷。他说：“我的计划就是这样，帮助这家公司重返辉煌，多一天都不待。”每个人都认为他是真诚的。

真正的领导者敢于直面自己，敢于直面组织面临的问题。他们不会坐在那里设想、假定。他们为发展制订出雄心勃勃、可以实现的计划。他们消除分歧，更重要的是，他们沟通顺畅。伟大的领导者都知道，除非自己表现出积极的态度，否则就不会有充满活力的团队。

行动指南

· 提升到管理岗位并不意味着你自动就成了领导者。这仍需要很多努力。

· 如果坚持倾听、学习并且发展正确的思维模式，你就会成为一名优秀的领导者。

· 没有什么比看到老板和所有人一起并肩战斗更让人精神鼓舞。这表明只要老板做的是真正的工作，每个层级都会跟着一起努力。如果你是老板，如果你信守对品牌和自身角色的承诺，你就会赢得团队的尊重，并在员工中注入同样刻苦努力的精神力量。

· 信守你的承诺。

· 鼓励其他人去培养成长型的思维模式和积极的人生观。

· 有时你可能会被迫偏离既定的路线。坚强起来，告诉人们发生了什么、为什么会这样、该如何应对。

86 学一学伟大的领导者如何衡量成功

没有衡量和评估，领导力本身也就没有了意义。这看起来很明显。但是，真的那么显而易见吗？许多所谓的领导者很少去评估结果。评估是关键的一步，否则你就无法计划和成长。

点石成金

在任何业务考核中，结果都是最重要的。这通常意味着财务结果。但不仅如此，它还包括其他方面，比如技能的提高和产品的完善。管理学大师彼得·德鲁克有句名言——“如果无法衡量，就无法优化提高。”

亚马逊公司的杰夫·贝佐斯是一位领导者。他衡量自己成功的标准：运营全球最大的商店。为此，他专注在自己的长期目标上，忽略掉试图分散注意力的批评之声。他的衡量标准始终如一：是否兑现了承诺——不管承诺的是什么，不管是内部承诺还是外部承诺。马丁·路德·金对非洲裔美国人的民权事业充满热情。像甘地一样，他也提倡非暴力。以他自己的标准而言，之所以能成为如此伟大的领袖，在于他总能激励人们加入他的事业。我们可能充满激情，对未来拥有伟大的愿景，但如果我们不知道如何激励他人，那什么也不会发生。

1987 年，比尔·盖茨与保罗·艾伦（Paul Allen）共同创立了微软公司。31 岁时，盖茨已经成为世界上最年轻的白手起家的亿万富翁了。尽管有人批评他的商业运作是垄断经营，但他确实是一位慈善家，也是一位领导者。他并没有什么众所周知、充满魅力的个性。相反，他周身散发出权威、专业和可靠的气息，而且愿意和员工分享这一切。在他的世界里，衡量成功的标准就是团队成员如何依靠自身的才能和所负责的新业务茁壮成长。

成功的领导者会率领组织取得伟业（并赚到钱）。这是个积极的标准；在一些人看来，也是唯一的标准。要想评估一个领导者的才能，我们就要看他/她所管理的组织是否成功。无论是苹果公司、脸书公司、敦豪速递公司（DHL）还是网飞公司，所有的企业家都会关注这些超级成功的公司，想知道他们如何能做到与众不同。这类公司就是擅长处理最重要，也是其他企业同样要相互比照衡量的东西。无论是产品更创新、服务更好、价格更优、交付更及时，还是同时完成了以上所有要素，都有可能。

史蒂夫·乔布斯并不尊重他的团队。他也不善于人际交往，在管理员工方面屡屡犯错。史蒂夫·乔布斯之所以成为传奇人物，是因为他的远见卓识和创新精神，而这正是衡量他的标准——推出畅销的新产品。

一年前，爱彼迎公司的创始人彼得·泰尔（Peter Thiel）在公司最成功的时候发表了一篇文章，标题很简单——《别把公司文化搞砸了》（*Don't Fuck Up the Culture*）。他认为，文化是公司最重要的部分。当一家公司将核心价值观贯彻到业务的方方面面时，就会大大减少各种企业流程。这就是他衡量成功的标准。更少的流程，更多的机遇，更多的利润。2009 年，网飞公司首席执行官里德·哈斯廷斯整理了一份长达 124 页演示文稿的文档，自此成为经典，被脸书公司的首席运营官雪莉·桑德伯格誉为“硅谷史上最重要的文献”。这份文档被称为“网飞文化甲板（Netflix Culture Deck）”，它勾勒出网飞公司的企业价值观和招聘策略。网飞公司薪酬丰厚，崇尚自由，信任员工，报销费用时不用提供明细，休假时间不设限，上班时间灵活机动，没有传统的年度绩效考核，而且支付业界最高的薪酬。它衡量公司以及员工的工作标准都是以信任为基础的。

理查德·布兰森和他打造的品牌一样韧性十足，广受赞赏。这股韧性在他身上很管用。他的衡量方法就是亲自去试一试、看一看。如果效果不错，就继续干；效果不好，就停下来。

除持续改进已经取得共识的关键绩效指标（KPI）之外，衡量工作的一个方面还与预设有关。错误的预设很常见，当这些预设其一仅仅基于直觉，其二本身是错误的，就会出问题。当然，直觉有它的作用，但过度依赖直觉就危险了，你还需要以事实为依据。此外，变量会发生改变。如果我们准确分析出是什么变了、为什么变了，那我们就会获得解决问题或发展进步的基础。重要的是，我们会更好地认识到变化为什么会发生，这才是关键。有人说："没有衡量，就无法驾驭。"真的吗？恐怕是的。不妨再加一句："无法衡量，就无法改进。"

行动指南

·学习其他领导者的衡量标准和方法。知道吗？分析领域的飞速发展如今变得越来越重要。

·寻找一位专注衡量标准的教练或者导师，他/她对衡量工作理解深刻，且知道如何激发你最好的一面，控制住最坏的一面。

·有些人不愿作评估，因为害怕看到结果。其实有价值的评估对你的未来、对企业的未来都影响深刻，与获得的反馈息息相关。

87 全球化视野

即使你的公司只有 10 名员工，办公地点设在芝加哥、巴塞罗那、波哥大或者新加坡，认真思考世界上发生了什么也有助于你的成长。不要只顾眼前的世界，要放眼全球。

点石成金

即使生意没有遍布全球，但所有成功的商业领袖都具有全球化视野。全球化思维是在多种文化背景下解读行为的能力，是与其他文化背景的人交流和学习的能力。具有全球化视野的领导者能够从不同的角度分析形势，从国家和国际两个角度理解彼此的关系和业务往来。

不少领导者在一件事上做得不够，那就是阅读世界上其他地方的出版物，或者使用国际化的社交媒体。这是了解其他国家如何看待我们的绝佳方式；在开拓新市场的时候，这也会影响我们的行为。许多国家在使用社交媒体和社交平台技术方面遥遥领先——他们的期望值很高，机会也很多。据悉，现在的“全球黑色星期五”之所以得名，是因为这一天美国的零售商们消灭了赤字，账本上有了盈余。还有很多类似“黑色星期五”的日子。想象一下，一个具有全球化视野的卖家利用每年形形色色的“黑色星期五”多赚了多少钱。比如中国的“光棍节”（11 月 11 日）。2017 年，在“光棍节”的 24 小时内，人民币消费超过 1682 亿元（折合 250 亿美元）。每年一次的“光棍节”是中国的电子商务巨头阿里巴巴公司推出的；不过，这个节日据说是20世纪90年代的大学生发起的，他们把这一天当作“不要情人的单身汉节”，自己给自己买礼物。如今，这项零售活动的规模几乎比美国最大的两个购物日——“黑色星期五”和“网购星期一”还要大四倍。

对于希望进入国际市场的小型企业来说，好消息是这个门槛变低了。贝宝公司为小型企业提供一种叫“通行证（PassPort）”的免费工具，逐个针对各个国家提供轻松便捷的指导。“通行证”帮助企业制定行动清单，协助企业接入本地的电子商务平台。它会针对不同的国家强调文化禁忌和流行趋势，标明季节性的购物节以及销售高峰，并详细说明税收和海关手续。

以前，麦当劳在全球只提供“一种”产品。如今，它在努力适应当地的口味，比如意大利的“意大利汉堡(McItaly)”、印度的“王公汉堡(Maharaja Mac)”、加拿大的“龙虾汉堡（McLobster)”以及日本的“虾菲利奥汉堡（Ebi Filet - O)”。由于适应了民族和地区的口味，它的利润大幅增长。家用电器制造商惠而浦公司（Whirlpool）在印度销售洗衣机的时候，采用专门设计的涡轮搅拌装置，这样印度妇女那5英尺（1.524米）长的纱丽在清洗的时候就不会缠在一起了。联合利华公司（Unilever）在20世纪90年代通过所谓的“全球本土化”（适应本地情况）提升到一个新层次。它没有对产品进行不必要的调整，而是针对当地市场对产品进行微调。也就是只对基本产品进行微调，而不是进行成本高昂的全面调整。联合利华认识到，针对不同地区的产品要有差异。它取得了成功。例如，它的和路雪（Wall’s）冰激凌就专门针对亚洲人的口味进行了调整。奥地利的红牛公司（Red Bull）一项最成功的策略就是举办极限运动赛事。从“红牛印第安纳波利斯大奖赛”到英国的“红牛特技飞行锦标赛”，再到约旦的“红牛肥皂盒汽车大赛”。无论是什么赛事，红牛的品牌永远不变。

我们必须积极培养全球化思维。在这样一个相互联系、瞬息万变的世界舞台上做生意，我们需要更多具有全球化协调能力、熟练的领导才能和善于整合多样性的领导者。

无论我们在哪里工作、在哪个行业工作，领导者的关键作用都是影响他人。要想在一个日益多元文化的世界中成功施加影响，需要理解、共鸣和洞察力。成长型的思维模式要求你具有国际化视野，对多样性的热情和对冒险的渴望，以及理解、共鸣和洞察力！

行动指南

- 全球平台上运营的多元化既会带来机遇，也会带来风险。务必深刻理解这一点。
- 再说一次，讲故事至关重要。你需要用不同的方式向不同的听众描述你正在做什么，以及你能提供什么。
- 看看在津巴布韦、越南或者其他地方，有哪些故事登上了头条。那里的人正在想什么，这些故事可以告诉我们很多。
- 任何一家企业，只要有创造性的战略，能理解全球市场，有互联网以及社交媒体，就有可能把业务做到全球去。

88 留意领导力的发展趋势

快速变化的步伐丝毫没有放缓，相反，这成了一种新常态。你应该把注意力放在你能控制和影响的事情上。但要做到这一点，你需要了解其他人举着领导力的大旗在做些什么。

点石成金

趋势会表明某个方向的变化或发展。它会指导我们做出选择和决定。趋势指出正在发生或即将发生的事情。端正思维模式，紧跟潮流趋势（并让它帮助我们）非常重要。如果忽视趋势，会导致我们错过一些重要的东西。

永远留住客户已经是许多领导者关注的焦点。顾客想要什么就能得到什么。这一思路将改变很多商业模式。同样，人们的工作方式和想从事的工作也发生了改变。虚拟办公室成为趋势——远程计算和视频会议功能使企业的运营不再受地理位置的限制。将来，许多企业会提供并交付根据客户明确需求定制的个性化产品和服务。冒险将成为常态。财捷公司（Intuit）是全球最大、最成功的金融软件公司。尽管这家公司的年收入接近 40 亿美元，市值约 165 亿美元，但它仍然像初创公司那样运营。它有近 8000 名员工，它的企业文化允许并且鼓励员工冒险，并从成功和失败中汲取经验教训。

降低成本并不是什么新鲜事，但这是一种持续的趋势，也是大多数成功企业关注的焦点。在艾萨克·珀尔马特（Isaac Perlmutter）

看来，企业永远会这么做。1996 年，漫威漫画公司（Marvel Comics）破产的时候，他是这家公司的董事会成员。作为玩具商务公司（ToyBiz，Inc.）的老板，他在 1998 年促成该公司与漫威公司合并，使漫威公司走出了破产的困境。漫威公司集中精力在媒体和产品的授权业务上，改善了现金流，提高了股价。2005 年，珀尔马特成为漫威公司的首席执行官，他的管理以节约成本和缩减编制而闻名。2009 年，漫威公司被华特迪斯尼公司以 60 亿美元的价格收购。

控制好质量、听取消费者需求，这些一直是商业成功的要素。许多企业都为自己一度降低产品质量、规模或产品范围，或者没有达到客户的期望而感到懊恼。瑞士三角巧克力（Toblerone）因为其独特的三角形巧克力棒而广为人知；它的制造商亿滋国际（Mondelez International）因为缩小了巧克力棒的尺寸，造成销量下降。他们把 400 克的巧克力棒减少到 360 克，170 克的减少到 150 克，但包装大小不变。消费品巨头联合利华公司和英国最大的连锁超市乐购超市（Tesco Plc）就多芬（Dove）除臭剂和马麦酱（Marmite）等主要产品的涨价问题进行过一场短暂但激烈的斗争，最终联合利华以失败告终。

另一种趋势，虽然并不是什么新鲜话题，却在许多高层领导之间日益凸显，这就是员工的敬业度。2001 年，道格·科南特（Doug Conant）成为金宝汤公司的首席执行官。由于先前的管理层决定提高价格，导致产品销量下降，公司市值缩水一半。科南特认为，成功的关键在于员工的敬业度。他更换了公司前 350 名领导中的 300 名，并实施了一项 10 年计划来扭转公司的局面。2009 年，金宝汤公司的股票表现超过了标准普尔指数（Standard & Poor's Index）。

还有一个主要趋势是从企业内部提拔胜任的领导者，他们是聪明、敏捷、精通数码技术、拥有跨学科技能的领导者。脸书公司的马克·扎克伯格说过："最大的风险就是不冒任何风险。在瞬息万变的世界里，唯一注定失败的策略就是不去冒险。"德勤会计师事务所（Deloitte）表示，冒险"已经成为高效率领导文化最重要的驱动力"。"千禧一代"的年轻人愿意冒险。他们是完全沉浸在科技中成长起来的唯一一代人。所以，他们的领导风格自然会与 Y 世代（Generation Y，即"90 后"）推崇的风格不一样。为此，强生公司建立了一个名为"千禧一代"的亲和团体，专门提供发展领导力的机会。

很多地缘政治事件会影响贸易协定和监管环境，这些意料之外的地缘政治事件会带来无法避免的冲击。此外，还有流氓国家、恐怖主义和数字盗窃等种种问题的存在。新技术会影响我们所有人，这种影响也许有益，也许有害。无论何时何地，我们都需要强大的领导力。如今，环顾四周，还不能肯定这一点吗？

行动指南

· 具有成长型思维模式的领导者会把问题转变为机遇。这就是你应该成为的样子。

· 许多领导者发现很难适应虚拟世界——博客、视频博客、电话会议、Skype、维基百科、即时消息、社交网络、视频和文件共享网站、电子公告板等。务必要弄懂这些。

· 有人说，你无法在过去找到应对未来的解决方案。而当下趋势正是要利用历史数据去影响针对未来的解决方案，但它不是简单地复制。

89 像领导者那样思考

显然，转变思维模式需要摆脱旧的行为方式和习惯，它们已经无法有效地为你服务了。它要求你离开舒适区，换个方式思考。与之类似，作为领导者，也需要工作和学习。此外，它还要求你改变无效的行为，抛弃自身的束缚。

点石成金

2013年，杰克·韦尔奇和苏西·韦尔奇（Suzy Welch）写道："成为领导者，基本上需要有全新的思维模式。你不再总想着'我怎么才能表现突出'，而是想'我怎么才能帮助员工把工作做得更好'。有时候，这需要改变数十年的习惯。毕竟……你升职是因为你的上司相信你有能力从明星员工一跃成为成功的教练。"

我们从前面的章节已经看到，领导力的核心要素之一是透明度。这可能意味着每天都不放过改进提高的实践机会。例如，如果利润突然下降，这可能是实施改革的好机会。你可能需要团队的努力才能更好地理解问题，但这一切都需要领导力，需要开放和诚实。如果总想封锁消息，就会忍不住要篡改数据，让它看起来更漂亮。改变思维模式需要我们审视自身与他人交往的方式，审视决策方式，审视评估机会的方式。世界各地的情况都不一样，这一点我们也已经讨论过：具有全球化视野很重要。印度的商业领袖们更关注当下的事情，他们适应能力强，更善于抓住机会。你带着一个想法来到孟买，不知道该找谁，但可能很快就能见到高层人物。这种灵活性在前置时间较长的西方国家很少发生。

领导力还意味着（偶尔）接受失败。例如，计算投资回报率需要评估结果，这个结果在某种程度上反映了共识的目标，而这些目标中已经故意加入了一些风险。优秀的领导者不能只根据成功的模型做出计划。他们需要明确，如果有些事情失败、不太成功或者不确定时会发生什么。本田公司（Honda）最近受到了一次引人注目的打击。他们的安全气囊供应商高田公司（Takata）提供的设备有问题，这导致本田召回了约850万辆汽车。尽管负责此事的员工被解雇了，但本田公司表示，安全气囊故障本身并不是解雇的原因。真正的问题在于在早期看到故障时缺乏重视；如果当初加以重视，错误纠正起来本该很轻松。公司表示："我们忘记了一点，失败和故障固然不可接受，但它恰恰是获得可以接受结果的必然手段。"

还有一个重要的领导力特征就是积极寻求新想法。麦当劳就有很强的创新能力。麦当劳兄弟的创新能力开始于将装配线技术应用到汉堡包的生产上。他们还发明了免下车点餐的"得来速餐厅"（Drive - through Restaurant），这一灵感来自一位高管去免下车银行取钱的经历。

突破界限同样是领导力的关键。耐克公司为适应每一种脚型和每一种运动，生产了数百款产品。他们故意这样做，目的就是要发现什么可行，什么不可行。当然，并不是所有企业都能做到这一点。耐克的广告语"想做就做（Just Do It）"进一步强化了这一理念。而其他公司会先进行小规模测试，确认市场方向后再投产。可口可乐公司也曾在1985年经历了一场著名的灾难。当时它误解了消费者的喜好，推出了所谓的"新可乐"。20世纪70年代，婴儿食品企业戈伯公司（Gerber）试图销售成人食品（装在婴儿食品风格的罐子里）。但没人喜欢这样，公司很快就放弃了这个想法。一个领先的想法没有成功，就会立即被放弃。具有成长型思维模式的领导者在任何地方都能看到机会。通常，这些机会别人看不到，有时也并不会成功。

大多数著名的领导者都有一个平台来运营他们的业务。美体小铺（The Body Shop）的创始人安妮塔·罗迪克（Anita Roddick）说："我希望工作的这家公司应该对社会有贡献，应该是社会的一部分。我想要的不只是投资某个业务，我想要的是信仰某个业务。"玫琳凯化妆品公司的创始人玫琳凯·艾施也说过："员工无疑是公司最大的资产。公司的产品是汽车还是化妆品，并没有区别。一个公司有多好，则取决于它的员工有多好。"这同样是关键。一个伟大的领导者通过伟大的沟通和参与能力来管理他/她的员工。善于倾听的领导者能够建立透明的、值得信赖的关系，培养忠诚。思维模式从平凡向卓越的另一个巨大转变的表现就是，无论做什么都要超出他人的预期。正如著名电影制片人杰弗瑞·卡森伯格（Jeffrey Katzenberg）① 所描述的那样："在梦工厂（Dream Works），我们抱着雄心壮志制作每一部电影，我们的目标就是超越观众的期望。我们不一定每次都成功，你也不一定每次都成功，但我们一定会为之不懈努力。"

行为指南

· 人们期待着你的领导。

· 除非深知无论后果如何，有时必须承担必要的风险，否则你在领导岗位上的日子就屈指可数了。重要的是要知道，风险是积极的因素。明白这个，你就不会害怕失败了。

· 你设定的远大目标必须伸手才能够达到，但不要高不可攀。

---

① 译者注：此处增加了修饰定语。

· 提出问题，而且总能理解答案。

· 建立沟通桥梁，成为公司、外部世界和你的团队之间的纽带。

· 光有愿景还不够，你必须有本事激励他人认可这个愿景并跟着你一起干。

90 拥抱颠覆的时代

颠覆是剧烈的变革，通常由新产品或者新服务引发，进行必要的战略调整或者扩展现有的系统。要想发展业务，你必须欢迎颠覆以及颠覆的后果，因为颠覆可以创造新的机会，带来巨大的增长。

点石成金

如今，我们身处于政治、社会和金融动荡之中。我们已经进入了一个充满政治意外的颠覆时代，而最终后果和它的影响尚未显现。

同时，颠覆还渗透进了业界的各个领域，为此，学习和规划都在紧锣密鼓地进行。2014 年，亚马逊 Kindle 阅读器的销量比上年下降了 69%。然而，亚马逊公司早已预料到了这一点，并开发出一款智能手机的应用程序，可以用它来阅读电子书。可穿戴设备真的是刚刚进入市场，但预计用不了多久，就会被可植入设备所取代。爱彼迎采用的技术手段颠覆了酒店业，它的估值达 255 亿美元，比万豪酒店这个庞然大物还高出近 50 亿美元；考虑到爱彼迎实际上并不拥有任何物业，这个估值实在不低。在线支付服务提供商支付宝最初在中国提供电子商务支付服务，但它随后推出一只货币市场基金，迅速占据了中国 1.46 万亿人民币市场三分之一的份额。

Skype、网飞公司、苹果公司和谷歌公司以他们特有的方式向市场推出产品和服务，这些改变了一切。如今，又有了人工智能和机器人。预计到 22 世纪，太空人口将超过 1 万亿人。太空探索技术公司、维珍银河公司（Virgin Galactic）、蓝色起源公司（Blue Origin）和平流层发射系统公司（Stratolaunch Systems）都在致力于发展太空旅行和太空殖民。它们的老板都是亿万富翁：埃隆·马斯克、理查德·布兰森、杰夫·贝佐斯和保罗·艾伦。另外还有3D打印技术。如今3D打印技术可以打印家具、餐具、汽车、衣服、游戏、食物，甚至能打印身体部位。在医学领域，如今也有不少创新正在改变医疗保健行业的现状，包括疫苗、基因组学指导的临床试验，以及基因和DNA编辑。

克莱顿·克里斯坦森（Clayton Christensen）在他的著作《创新者的窘境》（*The Innovator's Dilemma*）一书中介绍了“颠覆性创新”（Disruptive Innovation）这个概念。他用这个概念来阐明，成功的公司不仅要满足客户当前的需求，还要预测客户没说出来，或者未来才出现的需求。成长型思维模式的一个特征就是善于预测和预估。克里斯坦森还解释了那些资源很少的小公司是如何进入市场并颠覆现有体系的。专题演讲人托尼·罗宾斯（Tony Robbins）这样写道：“时间会改变你的产品。我不在乎这些产品已经存在了多久，但它终究会改变。过去的变化如冰川时代一般漫长，冰河时代、铁器时代的变化要数千年，再后来的潮流更替则是上百年的时间，再后来的世界数十年一变。如今呢？如今怎么样？地球上人类的信息量甚至都数字化了，每36个月就会翻一倍。”他和其他不少人都坚持认为，除非领导者能领悟这一点，否则只能故步自封地等着一切天翻地覆。

创新窘境是所有老牌公司面临的选择。它必须做出选择：是在现有的市场里精耕细作，还是改造现有的一切去抢占新兴市场？IBM的方法是在继续制造大型机的同时，推出一个制造个人电脑的新部门。网飞公司采取的策略更为激进，它抛弃旧有的商业模式（通过邮寄租赁DVD），转变为新模式（向客户提供视频点播的流媒体服务，然后投资拍摄自己的电影）。而它的竞争对手却毫无动作。

颠覆性的创意不断改进，开始分流顾客，最终可能会重塑整个行业：分类广告业务（Craigslist）、长途电话业务（Skype）、唱片商店（iTunes）、文献研究图书馆（谷歌）、小卖部（易趣网）、出租车（优步）、报纸（推特），以及超级卖场（亚马逊）。

特斯拉公司正在用特斯拉充电墙（Tesla Powerwall）颠覆传统的能源存储技术。谷歌公司（名义上是一家互联网搜索公司）则全力进军安卓手机业务。目前，安卓系统占据了80%的市场份额。亚马逊起初销售实体图书，但希望业务转向电子图书。红牛公司（别忘了它已经售出了超过500亿罐饮料）推出了红牛传媒（Red Bull Media House），制作原创的体育和生活类节目——现在成了领先的优质内容媒体提供商。苹果公司更是以颠覆著称。2001年，它意识到市场上没有高质量的MP3播放器，于是开发了iPod——销量超过3亿部，接着公司又颠覆了自己的技术，进入邻近市场，推出了可以播放音乐的iPhone。谷歌和其他几家公司都发明了无人驾驶汽车，亚马逊公司还承诺将用无人机（再次）彻底改造购物过程。

行动指南

· 这是最好的时代，也是最坏的时代。没什么是一成不变的，但不要被它吓倒。思考并且讨论所有的“如果……那么”，并想出你自己的“如果……那么”。

· 不要被阴谋论唬住。

· 大多数人都有可观的资源，触手可及，只是从来没有想过如何利用它们。

· 不要被借口、惰性和负能量拖垮。尝试不一样的事情。你也许能创造新的市场，你也许能发现新的客户类型。这都是颠覆性的改变。

第十章

发展壮大

91 保持精力充沛

当你拥有正确的思维模式时，无疑会收益颇丰。然而，你需要保持下去，这就需要保持体力强健、精力充沛。

点石成金

空有伟大的目标却没有力气追求，也是没用的。关键是要知道如何长久地保持精力充沛。首先，我们要明确，再没有什么比积极的心态更重要了，绝不能陷入毫无收益的消极互动中。Get Satisfaction 是一个社区平台，为客户提供引人入胜的体验。公司的首席执行官温迪·李（Wendy Lea）讲述了她在个人生活和职业生涯中如何保持专注、精力充沛、高效多产的秘诀："我每天早上花 15 分钟冥想和清空大脑。我有一个袋子，里面装满了我需要厘清的想法。每天早上我从里面拿出一个，读一遍，然后把它扔到我家附近的河里。看着这些想法漂走，真的可以帮助我厘清思绪，调整方向，让我在接下来的一天里更加专注……每周一早上，我会给我的团队发一封邮件，列出这一周我要集中精力做的五件事。这真的帮助我保持住了方向，帮助我获得了所需要的专注。"

普林斯顿大学政治学和国际关系学教授安妮－玛丽·斯劳特（Anne-Marie Slaughter）表示，把每天的工作时间都花在没完没了的电子邮件上十分消极，而且太消耗精力。她关于"提高工作效率的主要建议是，如果你陷在电子邮件中，你就弄错了轻重缓急……电子邮件让你进入被动应付的模式，你在做那些别人要你做的事。你应该进入主动发起的模式，决定你想做什么并且采取行动”。

同样，积极的、充满创造力的紧张情绪对保持自己和公司的活力都有好处。洛杉矶歌剧院（Los Angeles Opera）的首席执行官克里斯托弗·科尔施（Christopher Koelsch）写道：“不要害怕紧张和冲突。当然，领导者不应该四处制造冲突，这一点很重要。但同样重要的是，要全力抵制那些守旧的观点、庸俗的思想和避重就轻的态度。在歌剧院尤其如此。在这里，要为观众创作出最完美的音乐和最经得起推敲的戏剧，创造性的紧张情绪绝对有必要。”精力等同于激情和力量。如果我们向员工展现激情，他们很可能也会变得同样充满激情。精力充沛的领导者通常也是有效的沟通者，他们的肢体语言反映出他们的热情。精力充沛的领导者看上去总是既阳光又健康。他们饮食健康，而且经常锻炼。

有趣的是，许多商界领袖认为，一个人要么充满激情、元气满满，要么就不是。理查德·布兰森在他的著作《维珍方法论：关于领导力我所知道的一切》（*The Virgin Way*：*Everything I Know About Leadership*）中写道：“你不可能培养出一个激情四射的人——这一点与生俱来，无法习得。相信我，我真的尝试过，并且失败了不止一次，根本办不到。所以，不要浪费时间和精力去激励一群天生没有激情的员工。如果天生就不是能点燃的火种，再多的燃料也无法点燃它。”

行动指南

· 要对你做的事充满激情，激情是能量的源泉，激情和能量还能迅速感染其他人。

· 如果把精力花在消极的思考或者情绪上，那你完全是在浪费时间。

· 正确呼吸是提高能量水平的重要手段，不妨试试瑜伽。

· 积极思考可以平复那些非理性的念头，让大脑把注意力完全集中在彻底舒压的事情上。

· 前面的章节提到过，你可以去散散步。不妨走得长一点儿。

· 把注意力从关注问题转移到关注解决方案上来。

92 向最优秀的人学习

不管心里是否承认，我们都因为各种各样的原因崇拜某些人；也许是他们的外貌、成功、财富、体育技能、力量，或者各种成就。在心中记住崇拜对象身上的那些好品质，能让我们的成长型思维充满活力，积极向上。

点石成金

一个人之所以吸引人，原因是多方面的。虽然史蒂夫·乔布斯可能有缺点，但我们无法否认，他身上有一种不可忽视的力量。他最大的力量和最令人钦佩的能力就是他那非凡的领导力和远见。他不向消费者推销产品，而是向他们展示一个干净、高效、令人胃口大开的理念。但你不一定非要拿史蒂夫·乔布斯做榜样。荷兰商会（KVK）主席克劳迪娅·祖德维克（Claudia Zuiderwijk）说过："我认为，榜样不一定是那些超级成功的顶级企业家，也可以是既平易近人又勤劳能干的人。这些人会分享他们身处低谷时的感受，以及如何克服沮丧的心路历程。"

我们可能会钦佩各种各样的生意人。宜家的创始人英格瓦·坎普拉德尽管拥有巨额财富，却因为花钱缩手缩脚而招来严厉的批评。最有名的一次是他在一所建筑落成仪式上拒绝剪彩，而是将缎带解开，并告诉组织者，这东西还可以再用。如果你对钦佩的事物有一套自己的标准，如果它与思维发展有关，那就不要在意会受到什么批评，坚决采用这个标准并坚持下来。许多人欣赏维珍集团，觉得这个品牌很酷。他们也钦佩理查德·布兰森的竞争精神。雷·克拉克（Ray Kroc）这个名字简直成了麦当劳坚持不懈精神的同义词。他写道："继续前进！世界上没有什么比坚持更重要。没有什么比怀才不遇的人更常见了，世界上到处都是受过教育的社会弃儿。只有坚持和决心才是万能的。"我们可能会钦佩穆罕默德·尤努斯（Mohammad Yunus）这样的人。他创立了孟加拉乡村银行（Grameen Bank），向亚洲和非洲最贫穷的人发放小额贷款，帮助他们创业。没有任何一家主流银行会提供这种服务。他在2006年获得了诺贝尔和平奖。在商界，那些展现出远见、动力、毅力、创新、沟通和领导才能的人往往会成为人们钦佩的对象。

成功（且意志坚定）的人习惯向前看；他们总是问"如果……会怎么样"和"为什么不……"正是这种对新事物与生俱来的好奇心帮助这些人开创了新局面。1927 年，美国卡车司机马尔科姆·麦克林（Malcolm Mclean）看到自己卡车里的货物先被卸下又装上一艘船，心想，如果把整个拖车都吊起来，那速度会快得多，也方便得多。他把这个想法变成了现实，这就是集装箱运输的开始。

一些创新的点子要变成现实需要更长的时间；根据我们想拥有或欣赏的品质不同，我们的榜样可能是很多人。1928 年，亚历山大·弗莱明（Alexander Fleming）发现了青霉素（Penicillin），但直到 15 年后，这种药物才开始广泛使用。同样，阿兰·图灵（Alan Turing）早在 1936 年提出了通用计算机的概念，但直到 1946 年，才真正造出了第一台计算机。而直到 20 世纪 90 年代，计算机才开始普及。弗莱明是一位生物学家，他缺乏很多必要的推广技巧，所以未能把青霉素推向市场。直到 10 年后，另外两位化学家霍华德·弗洛里（Howard Florey）和恩斯特·鲍里斯·钱恩（Ernst Boris Chain）才重新研究这个问题，并合成了青霉素。即使在当时，也需要额外在发酵和制造方面有专业知识的人才能把青霉素变成我们现在知道的药物。这并非特例，而是常态。达尔文的自然选择理论借鉴了经济学家托马斯·马尔萨斯（Thomas Malthus）和地质学家查尔斯·莱尔（Charles Lyell）的观点。沃森（Watson）和克里克（Crick）发现DNA靠的也不仅仅是在实验室的工作，而是结合了生物学、化学和X射线衍射的新发现才构造出他们的模型。有一些榜样可能非常谦虚、低调。蒂姆·伯纳斯-李（Tim Berners-Lee）没有为他发明的万维网申请专利，因此也没有获得任何专利税。他决定免费提供他的发明。还有一些榜样或许很聪明，但缺少商业思维。1938年，拉兹洛·比罗（Laszlo Biro）申请了圆珠笔的专利。但他在1945年又把申请到的专利卖给了马塞尔·比克（Marcel Bich）。自那以后，比克公司（Bic）的营业额达到了1000亿美元，大部分钱都落入了比克的腰包。

当然，对大多数孩子来说，最显而易见的榜样是他们的父母，其次是其他直系亲属和老师。当我们环顾四周寻找榜样时，会看到自己的同龄人，会看到电影、书籍、音乐、体育、商业，甚至政治领域里的人——所有这些人都会对我们以及我们展现自我的方式产生巨大的影响。我们钦佩那些善于处理逆境、疾病的挑战，以及对生活乐观的人。

行动指南

· 在社交媒体上关注你崇拜的人。向他们学习，但永远不要复制。得到鼓舞后，找出对自己有用的东西。

· 不要不假思索地接受榜样说过的或做过的任何事。它可能并不适合你。

· 反思自己的优、缺点。选择一个你不觉得自己天生有优势的领域，然后找一个有这种优势的人做榜样。

· 无论你崇拜流行歌星、足球运动员、模特儿，还是父母、老师或教练，选择那些价值观对你有用的人。

93 走出舒适区，你会更舒适

你的舒适区是你的活动和行为符合常规，并让你感到可靠的地方。舒适区提供了安全，它的好处显而易见：舒适、焦虑少、压力轻。有时候，从舒适区走出来会帮助你实现目标；更有趣的是，这还会让你更快乐。不妨张开触角勇敢地走出去，你的信念和技能是巩固积极心态的关键。

点石成金

杰克·坎菲尔德写道："生活中最大的奖励都是在你的舒适区之外找到的。你必须适应它。要想享受成功和历险的生活，前提是要面对恐惧和风险。"心理治疗师伊丽莎白·隆巴多博士（Dr. Elizabeth Lombardo）是《超越完美》（*Better Than Perfect*）一书的作者。她表示，寻求新鲜体验的人往往比墨守成规的人更有创造力，在情感上也更坚韧。在她看来，当我们走出舒适区的时候，就会有创新。在日常生活中停滞不前往往会导致创造力直线下降。她说："为了更富有创造力，我们必须尝试新鲜事物，从新的角度看待事物，以一种新的方式把事情拼凑起来。"探险家贝尔·格里尔斯（Bear Grylls）十分支持这种看法。他说："在探险中，有80%应该是'我认为这是可控的'，但好的地方就在于剩下的20%刚好在舒适区之外。虽然那仍然很安全，但的确在舒适区之外。"然而，我们大多数人仍然不敢走出舒适区，这当然是因为恐惧。伊丽莎白·隆巴多说过："在这个社会中，大家都非常恐惧失败。"要克服这种恐惧，关键是要适应不舒服的感觉。

舒适区这个概念可以追溯到1908年的一个心理学实验。当时，心理学家罗伯特·M. 耶基斯（Robert M. Yerkes）和约翰·D. 多德森（John D. Dodson）解释说，身处相对舒适的状态，会产生稳定的性能，并以此获得最佳表现。然而，他们还说，人需要一种相对焦虑的状态，需要一个压力水平略高于正常水平的空间。这个空间被称为最佳焦虑空间，它就在我们的舒适区之外。如果过于焦虑，我们会因为压力过大造成生产力下降，业绩反而会急剧下滑。

任何曾经试图把自己推向另一个层次的人都知道，当他们真正挑战自己的时候，能取得惊人的结果。然而，压力过大实际上也会导致消极的结果。所以，我们不会这样做。我们会感到沮丧，然后走开，回到没有焦虑、舒适的状态。然而，成长型的思维模式总是追求探险、实验和新想法。所以要不断扩展我们的边界。让人安心的是，没人能永远生活在舒适区之外。我们需要时不时地"回家"，反思我们的经历。一旦汲取了其中的营养，我们就会找出积极的一面，然后采取行动。

行动指南

- 你上一次尝试新事物是什么时候？
- 现在你有了，或者说开始有了成长型思维模式和积极的心态，你会发现，突破自己的边界变得更容易了。
- 不要用力过猛，但一定要去做。
- 很少有完美的事，所以不要停下来苦等完美。如果正在做的事失败了，你不过是知道了哪些事不能做，这让你离成功又近了一步。
- 逼迫自己走出舒适区，看看自己到底能做到哪一步。

94 良好的写作技巧

马克·吐温（Mark Twain）说过："行文措辞要做到恰到好处实属不易。"他还写道："写出来很容易，你要做的就是画掉错误的措辞。"写作技巧在电子邮件、报告、演讲、网站、销售材料、博客等很多沟通方式中都很重要。包括管理者在内的许多人都缺乏沟通技巧。这很不好，因为清晰地思考并且准确地沟通对思维模式的成长大有好处。

点石成金

马克·扎克伯格穿着连帽衫和牛仔裤向投资者介绍脸书，他在书面交流中也使用年轻人的语言，这都是有原因的。因为这么做管用。在谈到优秀的写作技巧时，李·艾柯卡（Lee Iacocca）说："你可能真的有奇思妙想，但如果你不能把它们表达出来，这些想法就不会有任何结果。"我们因为根本理解不了别人写的东西而浪费了很多时间。我们生活在一个听消息和 140 个字长度限制的时代，但在商界职场，优秀的写作技巧仍然很重要。细想想，在其他世界也同样重要。

商界人士必须能够清晰地表达自己的想法、指示、发现、事实和期望。米歇尔·佩鲁索（Michelle Peluso）曾在旅游城市网站（Travelocity）、花旗集团（Citigroup）和吉尔特集团（Gilt）担任过领导职务。她十分明白，善于表达、积极回应的领导者能够激发员工的积极性。比如，她很出名的一件事就是在 24 小时内精确地回复每一封员工的电子邮件。

我们知道有些管理者喜欢手写笔记和信件。理查德·布兰森认识到手写信件的重要性，他说：“我发现很少有东西能像手写文字一样给人留下如此深刻的印象。事实上，这样的笔记不像迅捷的短信或电子邮件，它更出众、更有价值。这就是为什么在维珍初创时期，我经常手写便条的原因所在。直到今天，我仍然手写和邮寄许多信件。”

当一个企业能够用清晰、简单、专业的语言进行有效沟通时，这样的企业会赢得更多的客户，拥有更敬业的员工。这是因为完美无瑕的文案传达了简单、勤奋和高品质的信号。相反，糟糕的文案会很快毁掉你的名声。

杰夫·贝佐斯非常重视写作。他在亚马逊公司的高管会议上说：“无论是进行何种对话或讨论，每个人都要先静坐 30 分钟，仔细阅读 6 页打印出来的备忘录。”

作家以及飞行员安妮·莫罗·林德伯格（Anne Morrow Lindbergh）写道：“良好的沟通就像黑咖啡一样令人兴奋，读罢同样令人难以入睡。”下次开完管理会议后不妨好好想想这件事。

行动指南

· 写作是要写给你的读者来看的，不是写给你自己的——好好体会这一点。

· 你需要知道如何有效地写作。这意味着要注意语法、拼写和标点符号，以及选择适当的词汇和一致的风格。

· 不要让乏味的公司辞令影响你的写作——用你自己的语言来写。

95 重要的是做决定

你做的每件事，几乎都有选择权。当你确认无误一件事时，务必要记住这一点。除了少数例外，没有人会强迫你做任何事。我们必须做出选择，有些是对的，有些是错的。但我们必须为选择承担责任。积极的心态将有助于实现这一目标。

点石成金

马尔科姆·格拉德威尔（Malcolm Gladwell）在《决断2秒间》（*Blink*）一书中写道："伟大的决策者从来都不是那些想得太多的人。"许多管理者做不出决定，就那么一直拖着。格拉德威尔指出，这种情况随处可见。当一些管理者对诊断结果不满意的时候，他们还会索要更多的数据，或者寻找第二种意见。

搜索引擎服务商Net Media Planet的创始人兼常务总经理斯里·夏尔马（Sri Sharma）写道，他的公司从单枪匹马的初创公司发展成一家价值数百万英镑的企业，这段历程常常依赖于他的直觉，也就是他所谓的"个人雷达"。这让他能够快速思考，"把你的直觉，你的第六感当成多年培养起来的个人雷达。通常，分析的数据会证实你个人雷达的直觉，但分析并不能取代直觉。直觉才是关键"。

杰夫·贝佐斯在2017年写道："做决策时，你需要获取信息。大多数决策恐怕都该在你获取70%的信息时做出。通常，如果想等看到90%的信息后再决定，那你恐怕就晚了。另外，无论采取哪种方式，你都需要快速识别错误的决定，并迅速调整。如果你很擅长调整，那犯错的代价可能会比你想象得低；相比之下，行动迟缓则肯定会付出惨重代价。”

有人说：“有时候，求之不得也是一种奇妙的运气。”我们经常认为自己知道想要什么，什么对我们有用。但有时并不是这样。如果翻来覆去考虑一个问题，就很容易把它想得过于复杂，最终反而会比开始时更困惑。

那些超级成功的人总是能做出拓展他们生活的选择。作家兼管理顾问吉姆·柯林斯写道：“卓越不是环境自身的一种功能，而是一种有意识的选择。”当说到任何与成长型思维发展有关的事情时，我们都不希望被心灵支配，丧失了所有的逻辑。然而，我们也不希望只受事实的支配（尽管事实很重要），因为直觉同样很强大。但我们很可能会深陷在事实中，找不到解决方案。当发现各种选择均有利弊时，感到困惑是正常的。迫于压力，我们很想做出正确的选择，但所有的选择都有对有错。

你可以向他人寻求建议。但要记住，人人天生存有偏见（同样也有缺点），因为他们也在面对自己的困境。任何人都可以告诉你他们认为正确的选择，但很少有人能告诉你真正适合你的是什么。总体来说，只有你自己能做到这一点。

行动指南

- 积极的态度会带来更多的可能性。
- 面对两难困境时，不妨整理思绪，但不要总是过度分析。
- 保持头脑和心灵的平衡，不要放弃逻辑。
- 倾听他人的意见很重要，听从自己的直觉同样重要。
- 做出正确的选择，从主动肩负起决策过程开始。
- 尽你最大的努力为每个人的利益，而不仅仅是为了自己的利益着想。当你有疑问时，不妨想想你的道德准则。

96 想想能给他人什么建议

与你的团队、同事和直接下属分享你的经验——不是靠虚张声势或态度傲慢（这两个错误我都犯过），而是以一种积极主动、以身作则、乐于助人和帮扶支持的方式徐徐道来，后者则更符合你分享的初衷。你说的话可能并不会引起共鸣，甚至可能会对牛弹琴，所以你必须学会选择何时开口，以及如何建议——最后一点非常重要。

点石成金

星巴克咖啡的首席执行官凯文·约翰逊（Kevin Johnson）正努力将连锁店数量从目前的2.6万家扩张至2021年的3.7万家，同时还要保持该品牌的吸引力。他的指导原则是力求真实可信。这就是他给员工的建议：承认缺点和弱点，只有这样，我们自己和周围的人才能把工作做到最好。拥有730亿美元资产的伯克希尔·哈撒韦公司创始人沃伦·巴菲特写道，一位领导者能给出的最好建议就是，告诉人们去从事一份让他们每天都感到兴奋的工作或职业。百事可乐首席执行官卢英德表示，她给出的最佳建议就是，人不光要把简单的工作做好，更重要的是应该把困难的工作做好。“简单的工作做得好，没人会注意。敢于挑战自我……解决别人无法解决的问题，这样才更好。”如果能和年轻时的自己对话，雅虎公司前首席执行官玛丽莎·梅耶尔会建议自己去适应不舒服、不自在，并接受那些我们认为自己可能尚未完全准备好的任务。她说：“我总是做一些其实还没有准备好的事。”

大多数建议和经验之谈都必须能激发灵感，而不要仅仅是炫耀的工具。理查德·布兰森对此深表赞同。他曾针对以下主题向他的员工提出了建议：“我母亲总是教导我，不要后悔，要向前看。”曾任盖普首席执行官的莫琳·希凯（Maureen Chiquet）告诫过香奈儿全球首席执行官米基·德雷克斯勒（Mickey Drexler）：“我想给你提些重要的建议。你是个了不起的商人。但你必须学会倾听!”新闻服务平台NewsCred的首席执行官兼联合创始人沙夫卡特·伊斯拉姆（Shafqat Islam）表示：“如果你每天没有听到足够的‘不’，那恐怕是你做得不对，或者是没有给自己足够的压力。”

爱彼迎的联合创始人布莱恩·切斯基曾听创业孵化器公司Y Combinator的联合创始人保罗·格雷厄姆（Paul Graham）讲过：“要做100人疯狂热爱的东西，而不是100万人觉得还行的东西。”这话没人会不认同。

行动指南

- 无论从事什么行业或职业，都要从成功的领导者那里汲取经验，这不仅能帮你避免重大错误，还可助你做出明智的决定，推动你的业务不断成长。
- 在向他人阐述自己的观点前，先听听对方的意见。
- 提建议之前，你也许该考虑以下问题：“建议到底是什么?”“我们该怎么实现?”“我的角色是什么?”
- 要提供有意义的建议，要提供与当前事务相关的建议，要提供对听者有用的建议。

97 保持杯子半满的乐观心态

我们不可能时时刻刻保持百分之百的积极。这虽然不可能，但我们的确可以尽力做得更积极一些，而不是更消极。你必须这么做，否则就不会成功。

点石成金

也许你不会这样，但的确有些人会以一种扭曲的方式思考该如何保持积极心态。例如："对我来说怎么做都不合适"。这些人总是对自己的思维模式缺乏信心，不敢指望。当个人生活或职业发展遭遇困难时，很多人都难以保持乐观。但是，仅仅因为找到了悲观的理由，并不意味着我们就真应该悲观。事实是，乐观创造机会，悲观扼杀机会。

积极地思考能帮助我们成就生活的方方面面。它也许无法保证成功，却提供了成功的平台。百事可乐公司的卢英德曾写道："无论他人说什么、做什么，都应假设他们心怀好意。"她认为，当一个人心怀歹意时，常常会感到愤怒或沮丧。如果能改变这一点，他们就能把事情做得更好。有趣的是，2015 年，百事可乐化消极为积极，开始生产更健康的零食和饮料。

雅诗兰黛（Estée Lauder）也许并不知道，她正是成长型思维发展的支持者。她写道："将你的思想投射到某个成功的情境中，这是实现目标最有力的手段。"丰田品牌的创始人丰田佐吉说过："在你说办不到之前，不妨先试一试。"玫琳凯·艾施在退休后创立了她的"梦想企业"——玫琳凯化妆品公司，这进一步证明，想实现目标永远不会太迟。艾施的经营理念一直都是："如果你认为自己能做到，那你就能做到。如果你认为自己办不到，那你恐怕说对了。"

积极的态度会引发积极的事件和结果。虽然并不总是，但往往如此。它是成功的催化剂。慈善家 W. 克莱芒·斯通提出过一个很棒的理论："人与人之间的差别很小，但这种微小的差别却能带来很大的不同。这种微小的差别就是态度。这很大的不同就是积极还是消极的结果。"期待好事发生会引导人们采取能产生积极结果的行动。霍华德·舒尔茨曾确保星巴克咖啡的所有 19 万名员工都充分意识到，2015 年的亚洲市场已经崩溃。在一份引人注目的备忘录中，他鼓励员工要格外关心该地区的消费者："我们的客户可能会感到越来越焦虑和担忧。请清醒认识到这一点，始终如一。请记住，我们的成功不是一种权利，而是每天都需要去争取的东西。让我们对客户可能感受到的压力格外敏感，尽我们所能，依靠自身或集体的努力，去超越他们的期望。"前进的路上，总会遇到问题，但也同样会有机遇。黎巴嫩作家纪伯伦（Kahlil Gibran）有句名言："乐观主义者只见玫瑰而不见其刺，悲观主义者只盯着刺而不见玫瑰。"

行动指南

·"乐观主义"这个词实际上来自拉丁语"optima"，意思是最好的结果，或坚信最大的善。

·乐观主义者更有效率，更容易相处，更有耐受力。

·起床之前，花一分钟来设定今天的目标，并大声说出来。有意识的行为就像是指南针，能帮助你更好地集中精力。

·乐观的情绪是有感染力的，悲观的情绪也一样。

98 拥有超强的进取心

我们每个人都在与进取心做斗争。有时，我们会觉得自己动力十足，能积极去做事，去做更多的事，而且能把它们都做好。可有的时候，做事的动力就仿佛圣杯一般难以捉摸。当人的思维模式良好健康时，普遍会进取心十足。记住，进取心就是一种选择。

点石成金

所谓内在动机，指的是我们做某件事的原因是觉得做这件事本身十分享受。而外部动机，指的是我们做某件事的原因是为了外部奖励，或是避免负面的后果。我们都深知，无论何种成功，都取决于我们对目标的投入（和推动），以及为实现目标而贯彻的行之有效的计划。俗话说："如果不做计划，就是在计划失败。"当你花时间做计划时，你会从头到尾思考整个过程。这会激发你的进取心。进取心并不是什么魔法。它是一种高度积极的心态和坚信"我行"的态度，深知这番奋斗的结果值得拥有。温斯顿·丘吉尔在第二次世界大战期间伦敦最艰难的时刻曾说过一句名言："永远、永远、永远、永远、永远、永远、永远，不要放弃！"

我们行动得越快，就越能更好地实现目标。我们变得越好，就越对自己满意。我们对自己越满意，我们的自尊就会越强。我们的自尊越强，我们的自律能力也就越强。如此以往，就形成了良性循环。食品制造商 Kind Healthy Snacks 的首席执行官丹尼尔·路博斯基（Daniel Lubetzky）说过："你不可能让每个人都做到最好，除非你能了解他们的内在动力以及他们最关心的是什么。”理查德·布兰森也说过：“一旦知道了自己的内在动机和远大抱负，你就该鼓励员工和同事去发现他们的动机和抱负，然后让他们将这种能量也注入自己的工作中。”

最励志的管理者会点燃员工内心的火花，促使他们采取行动。他们的员工也会因此受到鼓舞。激励人心的灵感既来自个人，也来自高层之间出色的沟通，这非常重要。无论怎样，沟通都是相互激励的最好平台。

行动指南

·很可能有人把你视为他们的领袖。如果你自己没有进取心，那他们肯定也不会有。

·不妨看看那些伟大而励志的演讲，比如 J. K. 罗琳（J. K. Rowling）2008 年的演讲《失败的附加值和想象力的重要性》（*The Fringe Benefits of Failure, and the Importance of Imagination*, 2008）；史蒂夫·乔布斯 2005 年的演讲《死前如何生活》（*How to Live Before You Die*, 2005）；或者巴拉克·奥巴马几乎所有的演讲。

·有些事尽在掌握，有些则不然，要学会加以区分。

·每天专注于自身的长处，会形成一种强大的自我意识，这将显著激发出更高的进取心。

·即使你宁愿做其他事，强烈的进取心也会推动你完成艰巨的任务，或冲破艰难的处境。

99 保持健康

适当运动锻炼对身体大有好处，不过，一定要弄清楚为什么需要做运动。是为了减肥，为了给孩子树立好榜样，为了更健康，为了参加长跑比赛，为了改善胆固醇和血压情况，还是为了减轻压力？当你想躺在沙发上犯懒的时候，请记住这些理由。反复肯定这些理由，借助这股力量来改变思考方式，强化已经做出的改变。

点石成金

保持身材能让我们更聪明。哈佛医学院精神病学临床副教授，《火花：锻炼和大脑之间的革命性新科学》（*Spark：the Revolutionary New Science of Exercise and the Brain*）一书的作者约翰·J. 瑞迪（John J. Ratey）表示："记忆力和学习功能与脑细胞的实际变化、生长以及协同工作息息相关。"他还说，"运动和锻炼为这一过程的发生创造了最佳的环境。"

运动会使更多的血液流向全身，也包括大脑。更多的血液就意味着更多的氧气，因此，脑组织也能获得更多的营养。运动有助于大脑更多地产生一种叫作脑源性神经营养因子（BDNF）的蛋白质。这种强大的蛋白质会促进脑细胞生长，促进脑细胞相互连接。首南金融公司（First South Financial）首席执行官克雷格·埃斯雷尔（Craig Esrael）记得，年少时他因为肥胖不得不忍受他人残酷的嘲笑。青少年时期，他的人生峰回路转，在一个夏天减掉了 30 千克①，直到现在他

① 此处原文为 65 磅。

仍然致力于健身运动。在工作场所，他向员工提供健康的食物、锻炼和瑜伽课程。爱德风险投资公司（EDventure Holdings）的董事长埃丝特·戴森（Esther Dyson）每天都会游泳和骑车。她说："我对冥想了解不多，但我猜想这种日常活动能让我保持理智和平衡，更多是精神上而非身体上的。"

时尚杂志《*Vogue*》① 的主编安娜·温图尔（Anna Wintour）每天上班前都会打网球。基金公司 Holowesko Partners 的创始人兼首席执行官马克·霍罗斯科（Mark Holowesko）经常每天骑行 80 英里，午餐时间还会游泳。美国国会女议员南希·佩洛西（Nancy Pelosi）总是在早晨 45 分钟的快步走锻炼中规划自己一天的工作。马克·扎克伯格在脸书上谈到自己的锻炼习惯时说："保持身材非常重要。做好任何事都需要精力，而当你健康的时候，你会更加精力充沛。"康菲石油公司为全球员工提供不同的服务。例如，在挪威，他们成立了自行车训练队，专门进行艰苦训练，参加一年一度从埃格松到斯塔万格的北海骑行大赛（Nordsjøritt）。

行动指南

- 锻炼身体不必非常正式。也可以是每天上、下楼梯 10 次。
- 不妨闭上眼睛，想象自己在锻炼的样子，想象那感觉会有多好。
- 在开始新的锻炼之前，要给自己设定一个目标。
- 很多健身房都有私人教练可以帮助你设定合适的目标，你可以考虑进健身房训练。
- 锻炼和其他规律一样，任何锻炼的第一步都是调整心理状态。关键是要记住，锻炼不是为了折磨自己，而是为了让自己感觉良好。

---

① 该杂志在中国也保留原名。故只在前面加修饰语。本段的 Holowesko Partners 也做同样处理。

100 站在巨人的肩膀上

“如果说我看得比别人更远些，那是因为我站在巨人的肩膀上。”这是艾萨克·牛顿（Isaac Newton）的名言。这句话适用于一切学习，适用于为你已知的一切增值，适用于将你的所知与他人的成就相结合，使你在你所做的和想做的事上更加游刃有余。

点石成金

前面这句名言摘自1675年2月牛顿写给同行科学家罗伯特·胡克（Robert Hooke）的一封信。这句话的本意是，如果说牛顿比其他科学家在宇宙发现上成就更大，那是因为他是基于其他科学家的发现之上开展工作的。无论是做什么，我们原则上都喜欢这样。

斯蒂芬·霍金（Stephen Hawking）的著作《站在巨人的肩上：物理学和天文学的伟大著作集》（*On The Shoulders of Giants: The Great Works of Physics and Astronomy*）编纂了全世界最伟大思想家的著作。当你看到那些标志性的领导者和企业家时，很容易把注意力集中在他们成功的外在标志上——金钱、尊重、各种荣誉。然而，他们内在的成就，他们思维模式的成长和发展，才是他们成功的最大动力。

世间存在一种普遍的误解，认为人人都该事事亲力亲为，认为生活中的一切都取决于我们自己。然而，我们也可以从别人的智慧中学习，虽然这个逻辑很简单，却很少有人应用。

此外，来自其他背景或经历的信息也会成为你的灵感来源，拓宽你的视野。接触任何真实可信的新体验或者新人，都会为你自己